2025 国家统一法律职业资格考试

百日通关攻略

BAIRI TONGGUAN GONGLÜE

民 诉 法

嗨学法考 组编　　郭翔 编著

中国农业出版社
北 京

图书在版编目（CIP）数据

国家统一法律职业资格考试·百日通关攻略. 民诉法 / 嗨学法考组编；郭翔编著. -- 北京 : 中国农业出版社, 2024. 9. -- ISBN 978-7-109-32497-8

Ⅰ. D92

中国国家版本馆CIP数据核字第20249ST642号

国家统一法律职业资格考试·百日通关攻略·民诉法

GUOJIA TONGYI FALÜ ZHIYE ZIGE KAOSHI · BAIRI TONGGUAN GONGLÜE · MINSUFA

中国农业出版社出版

地址：北京市朝阳区麦子店街18号楼

邮编：100125

责任编辑：全　聪

文字编辑：陈亚芳

责任校对：吴丽婷

印刷：正德印务（天津）有限公司

版次：2024年9月第1版

印次：2024年9月第1次印刷

发行：新华书店北京发行所

开本：787mm×1092mm　1/16

总印张：89.5

总字数：2233千字

总定价：298.00元（全8册）

版权所有·侵权必究

使用指南

第一次使用本书的同学们，请花几分钟阅读本页，了解如何最大限度地使用这本书。另外，本书的权益是配套课程及题库，扫码即可获取8位作者的240小时配套精讲课程及章节精炼3500题。同学们可以对着本书，听课、练习！

知识点 »

这里是高频考察的知识点，须仔细阅读，如未完全理解可立即听课加深理解。

图表 »

简洁明了的表格，提炼考点的关键信息，方便你对比记忆。

例 »

举例子，方便你更易读懂重要知识点。

题 »

精选与章节知识点相结合的题，助你及时检验学习成果，查漏补缺。

注意 »

关键信息提示，加深理解，避免忽视重点信息。

☀ **知识点**

一、自然人的民事权利能力

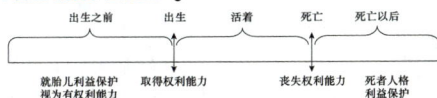

| 出生之前 | 出生 | 活着 | 死亡 | 死亡以后 |

就胎儿利益保护视为有权利能力　　取得权利能力　　　　丧失权利能力　　死者人格利益保护

1.信用证欺诈的种类		（1）开立假信用证；（2）"软条款"信用证，即以信用附加条件等方式加重受益人（卖方）风险；（3）伪造单据；（4）以保商换取与信用证相符的提单；（5）受益人（卖方）恶意不交货或交付的货物无价值等。
2.信用证欺诈例外（止付信用证项下款项）	（1）止付条件	①必须由有管辖权的**法院**审理判决终止支付信用证项下款项。 ②申请人须提供**证据材料证明**有信用证欺诈情形。 ③不中止支付将会使申请人合法权益遭到**难以弥补的损失**。 ④申请人提供了可行、充分的**担保**。
	（2）禁止止付情形	若存在如下情形，则不能再通过司法手段干预信用证下的付款：①开证行的指定人、授权人已按照开证行的指令善意地进行了**付款**或**承兑**；②保兑行善意地履行了**付款**义务；③议付行善意地进行了**议付**。

例　甲死亡时，父亲早已去世，留有母亲和怀孕的妻子，B超检查为宫内单胎。甲留有遗产30万元，在分割遗产时，视为胎儿有权利能力，参与继承。若胎儿出生为死体，则其民事权利能力自始不存在，甲的遗产由其他继承人（甲妻和甲母）继承（每人各得二分之一）。若胎儿出生时为活体随即死亡（先活后死），则甲的遗产先被出生的婴儿、甲妻、甲母继承（该婴儿、甲妻、甲母各得三分之一），该婴儿死亡后其所得遗产再被其继承人（甲的妻子）继承，此时甲的妻子得三分之二（甲母得三分之一）。

[**考点练习**]

根据《民事诉讼法》和有关司法解释的规定，以下哪种证据，当事人无权申请法院责令对方当事人提交？

A. 书证　　　　　　　　B. 物证
C. 视听资料　　　　　　D. 电子数据

答案：B

解析：根据《民事证据规定》，目前三类证据都可以申请文书提出命令：书证、视听资料、电子数据。在德日等大陆法系国家，有关书证的规则也适用于视听资料和电子数据，《民事证据规定》第99条作了同样的规定；关于书证的规定适用于视听资料、电子数据。

🔍 **注意** 法是统治阶级意志的体现，并不意味着统治阶级的意志就是法。统治阶级的意志只有经过国家机关被上升为国家意志、被客观化正式化为具体规定才能成为法。统治阶级意志也可能表现为政策等。

考 点

掌握主要知识点，让学习目标更明确。

文 字

双色突出重点，助你快速识别知识要点。

解 析

深化解题思路，掌握解题技巧。

未完待续……

step 1

2025百日通关图书配课

2025.12.31过期　去学习›

点击学习——在这里找到2025考季百日通关课程，点击进入。

step 2

点击课程——在这里可以看到8大科目并可随意切换，选定相应科目后，点击学习即可听课。

step 3

点击题库——在这里切换做题模式。

点击客观题——在这里可以切换"客观题"和"主观题"两种考试形式，选定科目后即可看到相应的章节精炼。

数字化题库记录你的做题数据、错题集、收藏夹、练习历史，方便查漏补缺。

目 录

第一章 诉的理论

一、诉讼标的

1. 是什么：<u>民事权利义务关系</u>。
2. 判断步骤：原告→权利→（不可再细分的）权利义务关系。

[考点练习]

案情：张老大和张老二是兄弟。张老大喜欢半夜看恐怖片。张老二喜欢吓唬张老大。农历7月14日晚上11点，张老大如往常一样，戴着耳机坐在电脑前看恐怖片。张老二匍匐到张老大脚下，用力紧紧地抓住张老大的腿往后拽。正好这个时候电影中的情节是地上出现了女鬼的手抓主人公的腿。一时间张老大被吓得大小便失禁，还用东西砸张老二的头，导致张老二头部受伤。

问题：如果张老二起诉张老大赔医疗费2 000元，本案的诉讼标的是什么？

答案：人身侵权法律关系。诉讼标的是双方有争议的原告起诉时要求法院审理的权利义务关系。案件中所涉及的各种法律关系不可能都成为本案的诉讼标的。在本案中，张老大和张老二之间的兄弟关系就不是诉讼标的。

[考点练习]

甲和乙订立借款合同，约定甲到期返还本金20万元和利息1万元，如逾期不还，应支付罚息2万元，后乙向法院提起诉讼，请求：（1）返还本金20万元；（2）甲支付利息1万元、罚息2万元。关于本案的诉讼标的，下列说法正确的是：（2021年考生回忆版真题／单选题）

A. 有三个诉讼标的

B. 只有一个诉讼标的

C. 有本息返还和罚息支付两个诉讼标的

D. 有本金20万元返还和利息1万元支付两个诉讼标的

答案：D

解析：诉讼标的是（不可再细分的）民事法律关系。借款合同关系，在本案中还可以具体分为主合同关系和从合同关系，所以借款合同关系不是本案的诉讼标的。主合同关系和从合同关系是两个法律关系，因此本案中有两个诉讼标的。2万元罚息，是合同中主合同关系中的约定，也是从合同关系中的约定。无论是违反主合同还是违反从合同，都应当承担罚息。遵守合同约定，就不会承担罚息。

3. 需要区别的几个概念。

（1）诉讼标的物：有争议的具体东西（表现为金钱、财产或行为）。

（2）诉讼请求：作出特定判决的具体要求。

①不同之处：诉讼请求是具体的要求，诉讼标的是抽象的双方争议的权利义务关系。

②相同之处：（恰当的）诉讼请求＝诉讼标的。

[考点练习]

案情：甲因咨询合同纠纷起诉乙，要求乙支付咨询费 2 万元，法院审理中发现，该合同约定的咨询费共 20 万元，乙从未支付，法院遂问甲是否主张 20 万元，甲明确表示，乙的拖欠行为违反诚信，因此要分 10 次起诉惩罚乙。（根据 2021 年考生回忆版真题改编）

问题 1：本案的诉讼请求和诉讼标的分别是什么？

答案：本案的诉讼请求是要求乙支付咨询费 2 万元。本案的诉讼标的是咨询合同关系。

问题 2：原告的诉讼请求是否恰当？

答案：原告请求不完整。基于咨询合同关系，原告应当主张 20 万元。如果原告只主张 2 万元，法院针对咨询合同关系作出了生效判决，则余下 18 万元原告不得另行起诉。

（3）诉讼标的额：双方当事人争议的金钱数额。

二、诉的分类

1. 判断方式。

按照当事人诉讼请求的目的和内容的不同，诉讼案件可以分为三类。

2. 具体类型。

（1）确认之诉：确认法律关系。

（2）给付之诉：给付内容是财物或行为，不能是人身。

（3）变更之诉：变更现有法律关系。

三、反诉

1. 概念。

（1）独立的诉。法院准许本诉原告撤诉的，应当对反诉继续审理。[《最高人民法院关于适用〈中华人民共和国民事诉讼法〉的解释》（以下简称《民诉法解释》）第 239 条]

（2）与反驳不同：反驳是被告的单纯防御行为，而反诉则是被告通过发动进攻进行防御。

> **[解题技巧]** 如果没有原告提起的本诉，看被告的请求能不能单独存在，能够单独存在，则被告提的就是反诉；不能单独存在，被告提的就是反驳。
>
> **[考点练习]**
>
> 案情：王某和刘某订立房屋租赁合同，后王某向法院起诉，要求刘某依照合同支付租金。而刘某则向法院提出，王某支付租金的请求已经过了诉讼时效。
>
> 问题：刘某的陈述可不可以构成反诉？
>
> 答案：不可以。因为刘某没有自己的要求，作为反诉必须要有诉讼请求，这只是反驳。

2.反诉的构成要件。（《民诉法解释》第 233 条）

（1）本诉的被告对本诉的原告提出。反诉的当事人应当限于本诉的当事人的范围。

（2）反诉与本诉有牵连关系。反诉与本诉的诉讼请求基于相同法律关系、诉讼请求之间具有因果关系，或者反诉与本诉的诉讼请求基于相同事实的，人民法院应当合并审理。

> **[解题技巧]** 反诉与本诉是否有牵连关系的判断方法：证据是否共通。
>
> **[考点练习]**
>
> 案情：甲被乙打伤，现在甲起诉乙要求赔偿医疗费，在法院审理过程中，乙起诉甲要求偿还借款 3 000 元。
>
> 问题：乙提起的诉讼与甲提起的诉讼之间，是否具有牵连关系？
>
> 答案：没有。在两个诉讼中，尽管当事人相同，但证据方面不具有共通性。无论欠不欠钱，都不应该打人，借贷纠纷案件中的证据，在侵权纠纷案件中用不上。因此，乙提起的诉讼不是反诉。

（3）在本诉进行中提出。在案件受理后，法庭辩论结束前。（《民诉法解释》第 232 条）

（4）向受理本诉的法院提出，且受诉法院对反诉有管辖权。反诉应由其他人民法院专属管辖，裁定不予受理，告知另行起诉。

（5）反诉应与本诉适用同一诉讼程序。

3.法院对反诉的处理。

（1）在一审过程中：可以合并审理。

（2）在二审过程中：调解不成的，告知当事人另行起诉。

四、诉的合并

1.诉的合并的概念和类型。

（1）诉的合并的概念。诉的合并，是指法院将两个或两个以上彼此之间有牵连的诉合并到一个诉讼程序中审理和裁判。

（2）诉的合并的类型。

①诉的合并，分为诉的主体（即当事人）的合并和诉的客体（即诉讼标的）的合并。

②诉的合并，有狭义和广义之分。狭义的诉的合并，专指诉的客体的合并；广义的诉的合并，除包括诉的客体的合并外，还包括诉的主体的合并。

2.诉的主体的合并。

（1）概念：诉的主体的合并，是指将数个当事人合并到同一诉讼程序中审理和裁判。

（2）类型：在一个原告对数个被告或数个原告对一个或数个被告提起诉讼时，均会产生诉的主体的合并。

（3）引起诉的主体合并的原因：①必要共同诉讼或普通共同诉讼；②原告或被告于诉讼进行中死亡，数个继承人承受诉讼。

3.诉的客体的合并。

（1）概念：诉的客体的合并，是指将同一原告对同一被告提起的两个以上的诉或者反诉与本诉合并到同一诉讼程序中审理和裁判。

（2）引起诉的客体合并的原因：彼此独立的几个诉在主体或客体上具有关联性。

（3）类型：单纯合并（仅主体牵连）、预备合并（客体牵连）、重叠合并（客体牵连）、选择合并（客体牵连）。

①单纯合并：被合并的数个诉之间，不存在牵连关系。如原告既诉请被告返还借款，又诉请被告交付买卖标的物，还诉请被告返还租用的房屋。对单纯合并，法院应在同一诉讼程序中分别审理并作出判决。

②预备合并：其中一诉是其他诉的先决问题。如原告既起诉离婚，又起诉分割共同财产。法院应先审理该诉，然后才有可能进一步审理其他各诉。即法院应先审理离婚之诉，在离婚之诉有理由的情况下，才有必要进一步审理分割共同财产之诉。

③重叠合并：诉讼请求相同（即诉讼目的相同），诉讼标的不同。如原告基于多个不同的离婚理由提出离婚诉讼，法院应根据当事人的主张，对诉讼标的全部审理，法院需就每一个离婚理由作出判决。

④选择合并：诉讼请求相同（即诉讼目的相同），诉讼标的不同。如原告基于买卖关系和票据关系请求被告给付同一笔价款。法院应根据当事人的主张，对诉讼标的择一审理，法院可就票据关系或买卖关系择一审理。

[考点练习]

李某以与王某夫妻感情不和为由起诉离婚，王某表示自己并无过错，向同一法院起诉，要求李某承担离婚损害赔偿责任。法院受理后，合并审理。就王某的起诉，下列说法正确的是：（2022年考生回忆版延考真题／多选题）

A.属于反诉

B.属于形成之诉

C.属于诉的预备合并

D.属于给付之诉

答案：ACD

解析：基于同一婚姻关系感情破裂提起本诉与反诉。离婚损害赔偿以解除婚姻关系为前提，属于诉的预备合并，属于给付之诉。

第二章　基本原则

扫描右侧二维码"听课＋做题"，直达最佳学习效果
1. 在线听课：学习本章节核心考点讲解课程。
2. 在线刷题：点击 ⌂ 进入题库做章节练习。

一、诉讼权利平等原则

1. 双方当事人拥有完全相同的权利，如原告和被告都有权委托诉讼代理人。
2. 双方当事人拥有相对应的权利，如原告有权起诉，被告有权反诉。

二、同等原则与对等原则

1. 同等原则：外国主体与中国主体有同样的待遇。
2. 对等原则：我国法院对该外国主体加以同样的限制。

三、辩论原则

1. 可以是口头的，也可以是书面的。
2. 可以是实体方面的，也可以是程序方面的，还可以是证据方面的。
3. 贯穿审判程序（一、二、再审）的始终。但特别程序、非讼程序和执行程序无法辩论。
4. 辩论权是当事人的权利，证人没有辩论权。

四、处分原则：自行处分实体权利和程序权利

1. 判决内容不能超出原告的请求范围。
2. 调解协议内容超出诉讼请求的，人民法院可以准许。
3. 处分权的行使，法院可进行必要的监督。

[考点练习]

案情：张某和李某是同一个宿舍的同学，两人逐渐产生感情，不顾众人反对于1990年在老家举行了婚礼。最近张某怀疑李某移情别恋，到法院起诉离婚。在法院审理本案过程中，张某决定向法院撤回离婚诉讼。

问题：对于张某的撤诉申请，法院是否应当准许？

答案：不应当准许。张某和李某是同一个宿舍的同学，这属于不符合结婚条件的情形。由于本案属于无效婚姻，即便原告要撤回离婚诉讼，法院也不应当准许，应当判决宣告婚姻关系无效。

五、法院调解自愿和合法的原则

六、诚实信用原则（《民事诉讼法》第13条）

七、检察监督原则（《民事诉讼法》第14条）

1. 行使主体：人民检察院。
2. 监督对象：法院或者法官的审判权。
3. 监督方式。
（1）抗诉：生效裁判。
（2）检察建议。
①生效裁判；
②审判人员的违法行为；
③执行活动。

[解题技巧]抗诉只能针对错误的生效裁判。但是生效裁判有错误，既可以抗诉，也可以提检察建议。

[考点练习]

案情：王法官在审理一起合同纠纷案件时接受了原告5万元的礼品。

问题：检察机关可不可以对王法官的行为进行抗诉？

答案：不可以，抗诉只能针对错误的生效裁判。这种情况下只能提出检察建议。

八、在线诉讼与线下诉讼具有同等效力原则

1. 条件。
（1）经当事人同意；
（2）通过信息网络平台。
2. 效力：与线下诉讼活动具有同等法律效力。（《民事诉讼法》第16条）

第三章　基本制度

一、合议制度

（一）独任制

1. 含义：由审判员一人独任审理。（《民事诉讼法》第 40 条第 2 款）

2. 独任制的适用案件。

（1）简易程序案件（包括小额诉讼程序案件）。（《民事诉讼法》第 40 条第 2 款）

（2）适用普通程序审理的第一审民事案件（需要同时满足）。（《民事诉讼法》第 40 条第 2 款）

①基层人民法院；

②基本事实清楚、权利义务关系明确。

（3）第二审民事案件（需要同时满足）。（《民事诉讼法》第 41 条第 2 款）

①中级人民法院；

②对第一审适用简易程序审结或者不服裁定提起上诉；

③事实清楚、权利义务关系明确；

④经双方当事人同意。

（4）特别程序案件，但是选民资格案件或者重大、疑难案件应适用合议制。

（5）督促程序案件。

（6）公示催告阶段案件。

3. 不得独任审理的案件。（《民事诉讼法》第 42 条）

（1）涉及国家利益、社会公共利益的案件。

（2）涉及群体性纠纷，可能影响社会稳定的案件。

（3）人民群众广泛关注或者其他社会影响较大的案件。

（4）属于新类型或者疑难复杂的案件。

（5）法律规定应当组成合议庭审理的案件（重审＋再审）。

（6）其他不宜由审判员一人独任审理的案件。

4. 适用法院：基层法院＋中级法院。

（1）一审（简易＋普通）：基层法院。

（2）二审：中级法院。

5. 独任转合议。(《民事诉讼法》第 43 条)

(1)法院裁定转由合议庭审理:发现案件不宜由审判员一人独任审理。

(2)当事人向人民法院提出异议。

①异议理由:由审判员一人独任审理违反法律规定。

②法院审查:异议成立的,裁定转由合议庭审理;异议不成立的,裁定驳回。

[考点练习]

甲公司与乙公司合同纠纷约定某基层法院管辖,一审适用简易程序,甲公司不服上诉,二审法院指定吴法官适用独任制审理,乙公司当庭表示异议,对此说法正确的是:(2022 年考生回忆版真题/单选题)

A. 上诉案件应组成合议庭审理

B. 简易程序一审终审不得上诉

C. 二审法院有权直接指定法官适用独任制审理

D. 二审法院应裁定转为合议庭审理

答案:D

解析:二审原则上应当组成合议庭审理。简易程序的案件可以上诉。只有经双方当事人同意,第二审才可以由审判员一人独任审理,第二审法院不能依职权适用独任制审理。当事人认为案件由审判员一人独任审理违反法律规定的,可以向人民法院提出异议。异议成立的,裁定转由合议庭审理。

(二)合议制

1. 适用的案件:不能独任审理的。

2. 合议制的组成方式。

(1)第一审合议庭。

①可以由审判员组成合议庭;

②也可以由审判员和人民陪审员组成合议庭;

③选民资格案件或特别程序中的重大、疑难的案件,必须由审判员组成合议庭审理。

(2)第二审合议庭:必须由审判员组成。

(3)二审发回重审或再审程序:原审合议庭成员或独任审判员不得参加重审或再审合议庭。

[原理解释]

发回重审,指的是用一审程序重新审。

对于发回重审的案件和用一审程序再审的案件来讲,本质上是在用一审程序审理案件,因此,一审合议庭是允许由审判员和陪审员共同组成的。

[考点练习]

案情:原告诉被告的借款纠纷案件,由马法官独任审理,并作出一审判决。后来这个案件上诉到二审法院以后被发回重审。

问题：这个合议庭可不可以有陪审员参加？

答案：可以。因为只要是一审程序就可以由审判员和陪审员共同组成合议庭。

3. 审判长。

（1）院长或者庭长参加审判的，由院长或者庭长担任。

（2）由院长或者庭长指定审判员1人担任。

4. 合议庭评议。

（1）实行少数服从多数的原则。

（2）形成不了多数意见时，提交审委会讨论。

（3）不同意见，必须如实记入笔录。

二、回避制度

1. 回避的对象。

（1）审判人员（包括审判员和人民陪审员）、法官助理、书记员、司法技术人员、翻译人员、鉴定人、勘验人。（《民事诉讼法》第47条、《民诉法解释》第48条）

（2）执行员适用审判人员回避的有关规定。（《民诉法解释》第49条）

2. 回避的决定权。

（1）院长担任审判长时的回避：审判委员会决定。

（2）审判人员、法官助理、执行员和书记员的回避：院长决定。

（3）其他人员（司法技术人员、翻译人员、鉴定人、勘验人）的回避：审判长决定。

3. 法定原因。（《民事诉讼法》第47条）

（1）是本案当事人或者当事人、诉讼代理人近亲属的。

（2）与本案有利害关系的：担任过本案的证人、鉴定人、辩护人、诉讼代理人、翻译人员的。（《民诉法解释》第43条）

（3）与本案当事人、诉讼代理人有其他关系，可能影响对案件公正审理的。

（4）接受当事人、诉讼代理人请客送礼，或者违反规定会见当事人、诉讼代理人的（这种情况不仅要回避，还应追究法律责任）。

4. 回避方式。

（1）审判人员自行回避。

（2）当事人申请回避。

（3）院长或者审判委员会决定其回避的情形：审判人员有应当回避的情形，没有自行回避，当事人也没有申请其回避的，由院长或者审判委员会决定其回避。（《民诉法解释》第46条）

5. 申请回避的期间。

（1）通常：开始审理时提出。

（2）回避事由在案件开始审理后知道的：在法庭辩论终结前提出。

6. 申请回避的效果。

被申请回避的人员应当暂停参与本案的工作。

7. 回避决定的复议。

（1）回避决定可以复议一次。

（2）复议期间，被申请回避的人员，不停止参与本案的工作。

8. 决定回避的法律后果。

诉讼程序继续进行。

三、两审终审

1. 诉讼案件：两审终审。

2. 以下情况：一审终审。

（1）最高人民法院作为一审法院审理的案件。

（2）人民法院按照特别程序以及督促程序、公示催告程序、破产还债程序审理的案件。

（3）民事诉讼法规定的不得上诉的裁定。

（4）调解书。

（5）小额诉讼案件。

四、公开审判制度

1. 审理公开。（《民事诉讼法》第 137 条）

（1）通常公开审理。

（2）一律不公开审理的案件。

①涉及国家秘密的案件；

②涉及个人隐私的案件。

（3）经过当事人申请才不公开审理的案件。

①离婚案件；

②涉及商业秘密的案件。

2. 合议庭评议一律不公开。

3. 判决一律公开。

第四章　当事人

第一节　谁有资格成为民诉当事人

（一）自然人

（二）法人

（三）可以作为民事诉讼当事人的其他组织（《民诉法解释》第52条）

1. 依法登记领取营业执照的个人独资企业。

2. 依法登记领取营业执照的合伙企业。

（1）依法登记领取营业执照的合伙企业：该合伙企业是当事人。

（2）未依法登记领取营业执照的个人合伙：全体合伙人为共同诉讼人。（《民诉法解释》第60条）

3. 依法设立并领取营业执照的法人的分支机构。

第二节　谁是本案的真正当事人

1. 通常标准：争议的民事法律关系（诉讼标的）的主体，就是适格当事人。

2. 扩大标准：

（1）失踪人的财产代管人；（《最高人民法院关于适用〈中华人民共和国民法典〉总则编若干问题的解释》第15条）

（2）股东代表诉讼中的股东；（《公司法》第152条）

（3）遗产管理人、遗嘱执行人；（《民法典》第1145条）

（4）能够提起公益诉讼的法定机关和组织；（《民事诉讼法》第58条）

（5）在确认之诉中，对诉讼标的有确认利益的人。

第三节　具体案件中的原告与被告

1. 个体工商户。（《民诉法解释》第59条）

（1）有登记的字号时：以营业执照上登记的字号为当事人，但应同时注明该字号经营者的基本信息。个体工商户可以起字号。（《民法典》第54条）

（2）没有登记的字号时：

①个体工商户以营业执照上登记的经营者为当事人。

②营业执照上登记的经营者与实际经营者不一致的，以登记的经营者和实际经营者为共同诉讼人。

[考点练习]

案情：个体户张三经营了一家饭店，领有营业执照。后来因为张三的儿子生病急需用钱，张三将这个饭店转让给了李四，但双方没有及时到工商局办理营业执照的变更手续。李四在经营过程中，导致顾客王五食物中毒。

问题：现在王五打算向法院起诉要求赔偿，请问本案能不能以张三和李四为共同被告？简要说明理由。

答案：能。本案中没有出现登记的字号，并且张三和李四双方没有到工商局办理营业执照的变更手续，两人应当作为共同被告。

[考点练习]

刘某经营一家个体餐馆，取字号"刘大厨私家菜"，进行了工商登记。后刘某与张某达成协议将餐馆交由张某实际经营。餐馆经营管理中因供货质量问题与供货商甲公司发生争议，拟向法院提起诉讼。关于本案原告，下列说法正确的是：（2020年考生回忆版真题／单选题）

A. "刘大厨私家菜"为原告

B. 刘某、张某为共同原告

C. 张某为原告

D. 刘某为原告

答案：A

解析：个体工商户有字号的，以营业执照上登记的字号为当事人。

---

2. 老板当被告。

（1）法人或者其他组织的工作人员执行工作任务造成他人损害的，该法人或者其他组织为当事人。（《民诉法解释》第56条）

（2）提供劳务一方因劳务造成他人损害，受害人提起诉讼的，以接受劳务一方为被告。（《民诉法解释》第57条）

（3）在劳务派遣期间，被派遣的工作人员因执行工作任务造成他人损害的，以接受劳务派遣的用工单位为当事人。当事人主张劳务派遣单位承担责任的，该劳务派遣单位

为**共同被告**。(《民诉法解释》第 58 条)

[考点练习]

案情:某保安公司,将刚刚招聘的保安派到某小区物业公司工作。该保安在巡逻过程中,不小心将某个业主的轿车刮坏。

问题:如果该业主在起诉时,只以该保安公司为本案的被告,法院应当如何处理?

答案:因为保安公司只能在本案中做共同被告。既然业主已经告了该保安公司,法院就必须将该物业公司追加为本案共同被告。

3. 企业法人。
(1)企业合并分立:合并分立后的企业是当事人。(《民诉法解释》第 63、334 条)
①企业法人合并的,因合并前的民事活动发生的纠纷,以**合并后的企业**为当事人;
②企业法人分立的,因分立前的民事活动发生的纠纷,以**分立后的企业**为共同诉讼人。

[考点练习]

案情:原告海洋公司和被告南方公司因买卖合同,到法院进行诉讼。一审判决,原告海洋公司胜诉,被告南方公司不服,提起上诉。在二审程序中海洋公司分立成大江公司和大湖公司。被告南方公司向法院提出:原来的原告海洋公司已经注销,大江公司和大湖公司并不是买卖合同的相对方,希望二审法院以本案当事人错误为由,将整个案件发回一审法院重审。

问题:在这样的情况下,法院应当如何处理本案当事人的问题?

答案:二审法院应当将大江公司和大湖公司列为共同诉讼人,进行调解或者判决。不得以当事人错误为由,将本案发回一审法院重审。

(2)企业法人解散的:(《民诉法解释》第 64 条)
①依法**清算并注销前**,以**该企业法人**为当事人;
②**未依法清算**即被注销的,以该企业法人的**股东、发起人或者出资人**为当事人。

[考点练习]

案情:王老板开了一家个体餐饮店,因认识贸易公司大股东钱老板,每日给贸易公司提供午餐,餐费每月月底结算。贸易公司因为业务不好,拖欠餐费。不久之后,王老板发现贸易公司已经被注销,由于没有依法清算,贸易公司欠王老板的午餐费没有得到解决。

问题:根据上述案情,如果王老板要通过诉讼的方式行使权利,应当以谁为被告？简要说明理由。

　　答案：王老板可以起诉该贸易公司的股东钱老板。由于贸易公司已经被注销，不得以贸易公司为被告。由于贸易公司没有依法清算，所以可以以股东钱老板为被告。

　　4. 涉及保证合同的诉讼。(《民诉法解释》第 66 条、《最高人民法院关于审理民间借贷案件适用法律若干问题的规定》第 4 条)

　　(1) 保证人为借款人提供连带责任保证：

　　①出借人仅起诉借款人的，人民法院可以不追加保证人为共同被告；

　　②出借人仅起诉保证人的，人民法院可以追加借款人为共同被告。

　　(2) 保证人为借款人提供一般保证：

　　①出借人仅起诉借款人的，人民法院可以不追加保证人为共同被告；

　　②出借人仅起诉保证人的，人民法院应当追加借款人为共同被告。

　　(3) 当事人在保证合同中对保证方式没有约定或者约定不明确的，按照一般保证承担保证责任。(《民法典》第 686 条)

　　5. 常考的侵权案件当事人(责任人为被告)。

　　(1) 机动车一方责任：

　　①因租赁、借用等情形机动车所有人、管理人与使用人不是同一人时，发生交通事故造成损害，属于该机动车一方责任的：由机动车使用人承担赔偿责任；机动车所有人、管理人对损害的发生有过错的，承担相应的赔偿责任。(《民法典》第 1209 条)

　　②盗窃、抢劫或者抢夺的机动车发生交通事故造成损害的：由盗窃人、抢劫人或者抢夺人承担赔偿责任。盗窃人、抢劫人或者抢夺人与机动车使用人不是同一人，发生交通事故造成损害，属于该机动车一方责任的，由盗窃人、抢劫人或者抢夺人与机动车使用人承担连带责任。(《民法典》第 1215 条)

　　[考点练习]

　　刘某的摩托车被苏某偷走，苏某将车卖给李某，李某又将车借给好友牛某，牛某骑车撞到了朱某。现朱某向法院提起诉讼，下列说法正确的是：(2022 年考生回忆版真题／多选题)

　　A. 将苏某和牛某列为共同被告

　　B. 苏某为被告

　　C. 刘某为被告

　　D. 牛某为被告

　　答案：ABD

　　解析：苏某是盗窃人，牛某是使用人，两者承担连带责任，为共同被告。

　　(2) 第三人引起的校园事故责任：无民事行为能力人或者限制民事行为能力人在幼儿园、学校或者其他教育机构学习、生活期间，受到幼儿园、学校或者其他教育机构以外的第三人人身损害的：(《民法典》第 1201 条)

①由第三人承担侵权责任；

②幼儿园、学校或者其他教育机构未尽到管理职责的，承担相应的补充责任；

③幼儿园、学校或者其他教育机构承担补充责任后，可以向第三人追偿。

[考点练习]

案情：小明是一个3岁的男孩，在某幼儿园上学期间，踢了给幼儿园送水果的王某一下，因此王某踹了小明一脚，小明摔在地上，造成骨折。

问题：如果小明的父亲作为法定代理人，打算向法院起诉，应当以谁作为本案的被告？

答案：王某和幼儿园是共同被告。在考试中只要问到"应当"以谁作为本案的被告，问的就是正确的被告有哪些。如果只告其中一部分被告，这种答案拿不到满分。

（3）公共场所管理者责任：（《民法典》第1198条）

①侵权责任：经营场所、公共场所的经营者、管理者或者群众性活动的组织者，未尽到安全保障义务，造成他人损害的，应当承担侵权责任。

②补充责任：因第三人的行为造成他人损害的，由第三人承担侵权责任；经营者、管理者或者组织者未尽到安全保障义务的，承担相应的补充责任。经营者、管理者或者组织者承担补充责任后，可以向第三人追偿。

（4）建筑物、构筑物或者其他设施及其搁置物、悬挂物发生脱落、坠落造成他人损害：所有人、管理人或者使用人不能证明自己没有过错的，应当承担侵权责任。（《民法典》第1253条）

第四节　第三人

1. 第三人的特点。

（1）第三人包括有独立请求权第三人（有独三）和无独立请求权第三人（无独三），其参加诉讼的时间：被告应诉时起，到法庭辩论终结止。

（2）第三人不能提出管辖权异议。

2. 有独立请求权第三人。

（1）有独三参加诉讼的依据：对本诉的诉讼标的有独立请求权。（《民事诉讼法》第59条）

（2）有独三的判断：既反对原告，又反对被告；有不同于原告请求权的另一个请求权。

第1步：找到原告的诉讼请求（民事实体权利）。

第2步：找到第三人的诉讼请求（民事实体权利）。

第3步：进行对比：如果是同一民事实体权利，属于必要共同原告；如果不是同一民事实体权利，就是有独立请求权第三人。

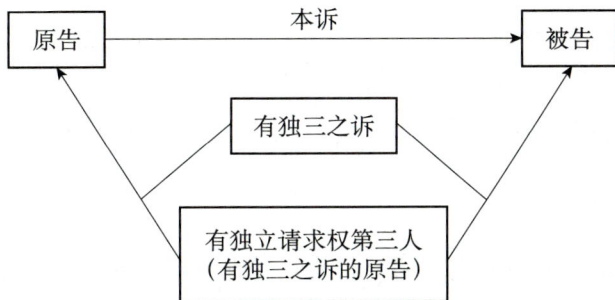

[考点练习]

案情：赵某与刘某将共有商铺出租给陈某。刘某瞒着赵某，与陈某签订房屋买卖合同，将商铺转让给陈某，后因该合同履行发生纠纷，刘某将陈某诉至法院。赵某得知后，坚决不同意刘某将商铺让与陈某。

问题：如果赵某申请参加诉讼，法院应当如何确定赵某的诉讼地位？简要说明理由。

答案：赵某是本案中的有独立请求权第三人，不是共同原告。①本案中刘某是基于合同关系起诉陈某，主张的是债权请求权。②赵某是物权人参加诉讼，主张的是物权请求权。③由于物权请求权和债权请求权是两个不同的请求权，因此赵某是有自己独立请求权的第三人。由于请求权的性质不同，赵某不可以作为普通共同原告。

[考点练习]

案情：原告张三起诉被告李四，要求法院确认古董花瓶是原告张三所有。在法院审理过程中，案外人王五对法院说，古董花瓶是自己和张三共有的，自己是共有人，希望加入诉讼。

问题：在这种情况下，法院应当如何确定王五的诉讼地位？简要说明理由。

答案：王五只是必要共同原告之一。王五所主张的请求权，与原告起诉时所主张的请求权，在民法上是同一个请求权，王五并没有主张独立于原告请求权的另一个请求权。

（3）有独三参加诉讼的方式：提起诉讼。（《民事诉讼法》第59条、《民诉法解释》第81条）

（4）有独三的案件中有两个诉：本诉与第三人之诉。

（5）有独三的诉讼地位：有独三相当于原告。

3.无独立请求权第三人。

（1）无独三参加诉讼的依据：对本诉的诉讼标的没有独立请求权，但案件处理结果同他有法律上的利害关系。（《民事诉讼法》第59条）

（2）无独三的判断：跟无独三有法律关系的当事人败诉的结果，对无独三不利。

①三个人（原告、被告、无独三）；

②两个法律关系；

③向同一方向诉讼。

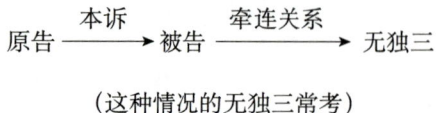

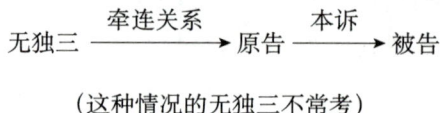

原告 —**本诉**→ 被告 —**牵连关系**→ 无独三 | 无独三 —**牵连关系**→ 原告 —**本诉**→ 被告
（这种情况的无独三常考） | （这种情况的无独三不常考）

[考点练习]

案情：钱某起诉某汽车贸易公司，认为该汽车贸易公司合同违约，因为其所交付的汽车外观有破损。在诉讼过程中，汽车贸易公司称汽车之所以存在问题，是因为汽车厂在运输过程中将汽车损坏了，希望将汽车厂追加到诉讼中，作为当事人。

问题：如果法院将汽车厂追加到诉讼中来，汽车厂的诉讼地位是什么？简要说明理由。

答案：汽车厂是本案的无独立请求权第三人。钱某和汽车贸易公司之间有合同关系，钱某向汽车贸易公司提出了诉讼请求。汽车贸易公司与汽车厂之间有买卖合同关系。汽车贸易公司能够向汽车厂提出赔偿的要求。由于是向同一个方向提请求，即钱某能够向汽车贸易公司提请求，汽车贸易公司能够向汽车厂提请求，汽车厂为本案的无独立请求权第三人。

（3）不属于无独三的典型情况：与原被告双方争议的诉讼标的无直接牵连和不负有返还或者赔偿等义务的人。

（4）无独三参加诉讼的方式：自己申请参加；由法院通知参加。（《民诉法解释》第81条）

其中，法院通知：①可以是基于法院职权通知无独立请求权第三人参加；②也可以是应当事人的申请而通知无独立请求权第三人参加。

（5）判决承担民事责任的无独三有权提出上诉。

①不是完全独立的当事人，因此不享有与当事人相等的诉讼权利：无权提出管辖异议，无权放弃、变更诉讼请求或者申请撤诉。

②被判决承担民事责任的，有权提起上诉。（《民诉法解释》第82条）

第五节　第三人撤销之诉

1. 第三人撤销之诉起诉条件。（《民事诉讼法》第59条、《民诉法解释》第290条）

（1）当事人：（《民诉法解释》第296条）

①原告：应当参加前诉但没能够参加的有独立请求权第三人和无独立请求权第三人。

[考点练习]

案情：原告张某起诉被告李某返还古砚一案。二审法院将古砚判归原告张某所有。判决生效后，案外人王某认为，他是古砚的共有人，应当作为共同原告参加诉讼，而没有参加诉讼。

问题：案外人王某能否提起第三人撤销之诉？简要说明理由。

答案：王某不能提第三人撤销之诉。因为王某不是前案中的第三人。

②被告：前诉的当事人。

③生效判决、裁定、调解书中没有承担责任的无独立请求权的第三人列为第三人。

[考点练习]

甲对乙有 20 万元债权到期，乙对丙有 20 万元债权到期。甲对丙提起代位权诉讼，法院依法将乙列为第三人。诉讼中甲、丙达成调解协议，约定丙将一条价值 20 万元的手链交付给甲，用于清偿该笔债务，法院依法制作调解书送达当事人。丁主张手链是自己的，欲提出第三人撤销之诉。下列关于本案当事人的表述正确的是：（2019 年考生回忆版真题／单选题）

A. 甲、乙、丙为被告

B. 甲、丙为被告，乙是第三人

C. 甲、乙是被告，丙为第三人

D. 甲为被告，乙和丙是第三人

答案：B

解析：生效调解书中没有承担责任的无独立请求权第三人乙，在第三人撤销之诉中应当被列为第三人。

（2）理由：（《民诉法解释》第 290 条）

①因不能归责于本人的事由未参加诉讼。

②发生法律效力的判决、裁定、调解书的全部或者部分内容错误。

③发生法律效力的判决、裁定、调解书内容错误损害其民事权益。

（3）有证据材料。

（4）对象：对已经发生法律效力的判决、裁定、调解书提起撤销之诉。

（5）时间：应当自知道或者应当知道其民事权益受到损害之日起 6 个月内。

（6）管辖：向作出生效判决、裁定、调解书的人民法院提出。

2. 不会中止执行。

（1）原则上：不影响要撤销的判决书、裁定书、调解书的执行。

（2）例外时中止执行：受理第三人撤销之诉案件后，原告提供相应担保，请求中止执行的，人民法院可以准许。（《民诉法解释》第 297 条）

3. 第三人撤销之诉的裁判：撤销＋确认。（《民诉法解释》第 298 条）

（1）请求成立且确认其民事权利的主张全部或部分成立的，改变原判决、裁定、调解书内容的错误部分。

（2）请求成立，但确认其全部或部分民事权利的主张不成立，或者未提出确认其民事权利请求的，撤销原判决、裁定、调解书内容的错误部分。

（3）请求不成立的，驳回诉讼请求。

（4）原判决、裁定、调解书的内容未改变或者未撤销的部分继续有效。

	撤销请求	确认请求	处理
（1）	✓	✓	改变
（2）	✓	×	撤销
（3）	×	×	驳回

第六节　共同诉讼

（一）普通共同诉讼与必要共同诉讼的区分

1.普通共同诉讼。

（1）当事人一方或双方为 2 人以上。

（2）诉讼标的为同一种类。

①诉讼标的为 2 个以上；

②2 个以上诉讼标的同类。

2.必要共同诉讼。

（1）当事人一方或者双方为 2 人以上。

（2）当事人之间的诉讼标的是共同的。

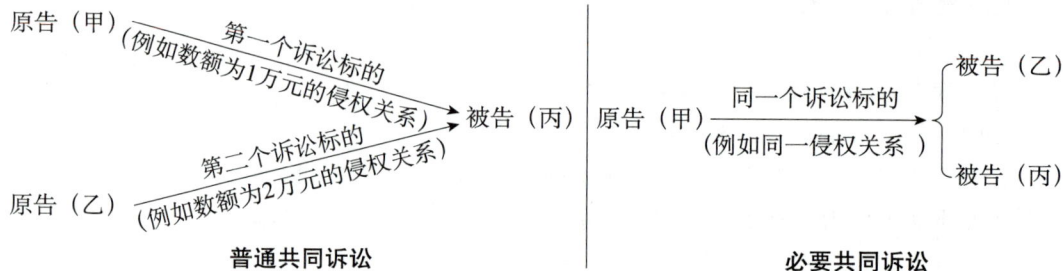

原告（甲）——第一个诉讼标的（例如数额为1万元的侵权关系）→被告（丙）

原告（乙）——第二个诉讼标的（例如数额为2万元的侵权关系）

普通共同诉讼

原告（甲）——同一个诉讼标的（例如同一侵权关系）→被告（乙）／被告（丙）

必要共同诉讼

（二）必要共同诉讼当事人的追加与不追加

1.必须共同进行诉讼的当事人没有参加诉讼的，应当追加：（《民诉法解释》第 73 条）

（1）法院通知追加；

（2）当事人申请追加。

2.对必须共同原告的不追加：（《民诉法解释》第 74 条）

（1）应当追加的原告，已明确表示放弃实体权利的，可不予追加；

（2）既不愿意参加诉讼，又不放弃实体权利的，仍应追加为共同原告，其不参加诉讼，不影响人民法院对案件的审理和依法作出判决。

（三）常见的必要共同诉讼案件

1.挂靠方与被挂靠方作为共同诉讼人：以挂靠形式从事民事活动，当事人请求由挂靠人和被挂靠人依法承担民事责任的，该挂靠人和被挂靠人为共同诉讼人。（《民诉法解

释》第 54 条）

案情：张山开了一家个体打印店，为了对外更好地开展经营活动，与大成广告公司签订了一份协议，约定张山的个体打印店以大成广告公司名义对外从事广告业务，张山每年向大成广告公司交管理费 5 万元。一天，某餐饮公司到张山的打印店打印一批菜单，出现质量纠纷。餐饮公司向法院起诉。

问题：本案应当以谁为被告？

答案：被告的确定有两种情况：

（1）如果原告餐饮公司不提到挂靠关系，基于合同的相对性，就以大成广告公司为被告。

（2）如果原告餐饮公司提到了挂靠关系，应当将挂靠人张山以及被挂靠人大成广告公司列为本案的共同被告。

2. 无民事行为能力人、限制民事行为能力人造成他人损害的：无民事行为能力人、限制民事行为能力人和其监护人为共同被告。（《民诉法解释》第 67 条）

3. 继承遗产类案件：（《民诉法解释》第 70 条）

（1）部分继承人起诉的，人民法院应通知其他继承人作为共同原告参加诉讼。

（2）被通知的继承人不愿意参加诉讼又未明确表示放弃实体权利的，人民法院仍应将其列为共同原告。

（3）应当追加的原告，已明确表示放弃实体权利的，可不予追加为共同原告。（《民诉法解释》第 74 条）

4. 共有人可以作为共同原告：共有财产权受到他人侵害，部分共有权人起诉的，其他共有权人为共同诉讼人。（《民诉法解释》第 72 条）

5. 赡养费诉讼应当追加所有的义务人为共同被告。

第七节　诉讼代表人

1. 代表人诉讼的特点。

（1）当事人一方人数众多的共同诉讼：一般指 10 人以上。（《民诉法解释》第 75 条）

（2）代表人为 2 ～ 5 人，每位代表人可以委托 1 ～ 2 人作为诉讼代理人。（《民诉法解释》第 78 条）

2. 人数确定的代表人诉讼。

起诉时当事人人数已经确定。

3. 人数不确定的代表人诉讼。

（1）起诉时当事人人数尚未确定。

（2）人数不确定的诉讼代表人的产生。（《民诉法解释》第 77 条）

①推选：由当事人推选代表人；

②协商：可以由人民法院提出人选与当事人协商；

③指定：可以由人民法院在起诉的当事人中指定代表人。

4. 诉讼代表人的权限。

（1）通常当然生效。

（2）四项必须经被代表的当事人同意才生效：代表人变更、放弃诉讼请求，承认对方当事人的诉讼请求，进行和解。

5. 证券纠纷代表人诉讼的调解。

（1）调解书对被代表的原告发生效力。

（2）对申请退出调解的原告，诉讼继续审理，并依法判决。（《最高人民法院关于证券纠纷代表人诉讼若干问题的规定》第 21 条）

第八节　当事人变更

1. 因当事人死亡。（《民诉法解释》第 55 条）

（1）在诉讼中，一方当事人死亡，需要等待继承人表明是否参加诉讼的，裁定中止诉讼。

（2）人民法院应当及时通知继承人作为当事人承担诉讼。

（3）被继承人已经进行的诉讼行为对承担诉讼的继承人有效。

[考点练习]

案情：李大爷起诉公交公司要求其承担侵权责任的诉讼中，李大爷在开庭以后因病情加重死亡，法院需要中止诉讼，并通知李大爷的儿子小李来参加诉讼。

问题：李大爷已经提交过相关证据，小李还需不需要重复提交？

答案：不需要。因为被继承人李大爷已经进行的诉讼行为，对承担诉讼的继承人有效。

2. 因在诉讼中争议的民事权利义务转移。（《民诉法解释》第 249 条）

（1）原则上：

①当事人恒定。受让人申请以无独立请求权的第三人身份参加诉讼的，人民法院可予准许。

②人民法院作出的发生法律效力的判决、裁定对受让人具有拘束力。

（2）例外时，当事人变更：受让人申请替代当事人承担诉讼的，人民法院可以根据案件的具体情况决定是否准许。

①不予准许的：可以追加其为无独立请求权的第三人。

②人民法院准许受让人替代当事人承担诉讼的，裁定变更当事人：诉讼程序以受让人为当事人继续进行，原当事人应当退出诉讼。原当事人已经完成的诉讼行为对受让人具有拘束力。（《民诉法解释》第 250 条）

[解题技巧] 在诉讼中争议的民事权利义务转移之后,在判断受让人的诉讼地位时要分成三种情况考虑:

(1)如果法院准许其替代,受让人成为诉讼中的当事人。

(2)受让人作为无独立请求权第三人参加诉讼。

(3)受让人不进入本案的诉讼中。

[考点练习]

案情:钱老板以商铺漏水为由起诉物业公司,要求损害赔偿。在第一次开庭以后,钱老板将该商铺转让给了马老板,马老板申请替代钱老板作为本案当事人承担诉讼。

问题:法院如何列明马老板的诉讼地位?

答案:(1)法院可以裁定变更马老板为本案当事人。(2)法院也可以追加马老板为本案的无独立请求权第三人。由于马老板已经申请承担诉讼,就不必再考虑不进入诉讼的情况了。

第九节　诉讼代理人

1. 法定诉讼代理人的确定。(《民诉法解释》第83条)

无民事行为能力人、限制民事行为能力人的监护人是他的法定代理人。

2. 委托诉讼代理人的确定。

(1)下列人员可以被委托为诉讼代理人:(《民事诉讼法》第61条)

①律师、基层法律服务工作者;

②当事人的近亲属或者工作人员;

③当事人所在社区、单位以及有关社会团体推荐的公民。

(2)通常要提交授权委托书,但简易程序中可以当场口头委托。

(3)特别授权:诉讼代理人代为承认、放弃、变更诉讼请求,进行和解,参加调解,提出反诉或者提起上诉,必须有委托人的特别授权。(《民诉法解释》第89、147条)

(4)一般授权:授权委托书仅写"全权代理"而无具体授权的,不是特别授权。

3. 离婚案件的特殊问题。(《民诉法解释》第147条)

(1)在离婚诉讼中,即使有委托诉讼代理人,本人仍然需要出庭。

(2)离婚案件当事人确因特殊情况无法出庭参加调解的,应当出具书面意见。

(3)本人不能表达意志的,不用出庭参加调解,也不用出具书面意见。但他的法定代理人应当到庭。(《民诉法解释》第148条)

[考点练习]

案情:钱某起诉张某离婚的案件,如果在开庭时,张某的法定代理人已经到庭。

问题:请问张某本人是否需要到庭?

答案:张某本人不必到庭,既然张某已经有法定代理人,则张某属于不能表达意志的人。

第五章　主管与管辖

第一节　主管

1. 民事诉讼与民商事仲裁（具有民间性）的关系。（《民诉法解释》第 215 条）

情形	处理	说明
（1）有仲裁协议	不得向法院起诉	当事人在书面合同中订有仲裁条款，或者在发生纠纷后达成书面仲裁协议，一方向人民法院起诉的，人民法院应当告知原告向仲裁机构申请仲裁，其坚持起诉的，裁定不予受理
（2）没有仲裁协议	法院受理	仲裁条款或者仲裁协议不成立、无效、失效、内容不明确无法执行的，法院有权依法受理
（3）法院受理后，有仲裁协议的	应当裁定驳回起诉	在人民法院首次开庭前，被告以有书面仲裁协议为由对受理民事案件提出异议，仲裁协议有效的，人民法院应当裁定驳回起诉（《民诉法解释》第 216 条）

2. 民事诉讼与劳动仲裁的关系。

（1）可以不经过劳动争议调解委员会调解而直接申请仲裁。

（2）不经过劳动仲裁委员会的仲裁，人民法院不予受理。

第二节　级别管辖

根据诉讼标的额，确定管辖法院。

一、基层法院管辖：第一审民事案件原则上由基层法院管辖

二、中级法院管辖

（一）重大的涉外案件

（二）本辖区内有重大影响的案件：诉讼标的额大或诉讼单位为省、自治区、直辖市以上（《最高人民法院关于调整中级人民法院管辖第一审民事案件标准的通知》第 1、

2条）

1. 诉讼标的额 5 亿元以上：当事人住所地均在或者均不在受理法院所处省级行政辖区的。

2. 诉讼标的额 1 亿元以上：当事人一方住所地不在受理法院所处省级行政辖区的。

[考点练习]

案情：原告李某住所地在北京，被告张某住所地在上海。双方之间发生了争议金额为 3 亿元的投资合同纠纷。

问题：原告李某打算向上海法院起诉，应当向哪一级法院起诉？

答案：中级人民法院。当事人一方住所地不在受理法院所处省级行政辖区的，中级人民法院管辖诉讼标的额 1 亿元以上的第一审民事案件。本案中原告李某住所地在北京，被告张某住所地在上海，争议金额为 3 亿元。

（三）最高人民法院确定由中级法院管辖的案件

1. 海事、海商案件：由海事法院管辖。（《民诉法解释》第 2 条）

2. 专利纠纷案件：（《民诉法解释》第 2 条）

（1）北京、上海和广州：由知识产权法院管辖。（《最高人民法院关于北京、上海、广州知识产权法院案件管辖的规定》第 1、2 条）

（2）其他地方：由最高人民法院确定的中级人民法院和基层人民法院管辖。

3. 申请确认仲裁协议效力案件的管辖法院：由仲裁协议约定的仲裁机构所在地、仲裁协议签订地、申请人住所地、被申请人住所地的中级人民法院或者专门人民法院管辖。（《最高人民法院关于审理仲裁司法审查案件若干问题的规定》第 2 条）

三、高级法院管辖：在本辖区内有重大影响的案件

高级人民法院管辖诉讼标的额 50 亿元（人民币）以上（包含本数）或者其他在本辖区有重大影响的第一审民事案件。（《最高人民法院关于调整高级人民法院和中级人民法院管辖第一审民事案件标准的通知》）

四、最高法院管辖

1. 在全国有重大影响的案件。

2. 认为应当由本院审理的案件。

四级法院管辖的案件		
最高法院	①在全国有重大影响的案件	②认为应当由本院审理的案件
高级法院	50 亿元（人民币）以上（包含本数）或者其他在本辖区有重大影响的第一审案件	
中级法院	①5 亿元以上 + 1 亿元以上	②重大的涉外案件　　③最高人民法院确定由中级法院管辖的案件
基层法院	5 亿元以下 + 1 亿元以下	

第三节　地域管辖

根据诉讼标的，按照以下顺序，确定管辖法院。

①专属管辖（不动产纠纷＋继承遗产纠纷）；

②约定管辖（协议管辖＋应诉管辖）；

③特殊地域管辖（合同纠纷＋侵权纠纷＋公司诉讼）；

④一般地域管辖（被告法院管辖＋原告法院管辖）。

一、专属管辖

1. 国内案件专属管辖。（《民事诉讼法》第 34 条、《民诉法解释》第 28 条）

（1）因不动产纠纷提起的诉讼，由不动产所在地人民法院管辖。

①不动产纠纷是指因不动产的权利确认、分割、相邻关系等引起的物权纠纷。

②农村土地承包经营合同纠纷、房屋租赁合同纠纷、建设工程施工合同纠纷、政策性房屋买卖合同纠纷，按照不动产纠纷确定管辖。

（2）因继承遗产纠纷提起的诉讼，由被继承人死亡时住所地或者主要遗产所在地人民法院管辖。

[考点练习]

案情：北京的张某去世，留下了 90 万元的存款在上海。张某有两个儿子张大和张二，都住在四川。

问题 1：如果张大要向法院起诉张二侵犯其继承权，本案是什么纠纷案件？

答案：本案是一个继承遗产纠纷案件。

问题 2：在确定管辖法院的时候，本案属于专属管辖、约定管辖、特殊地域管辖和一般地域管辖中的哪一种情况？

答案：专属管辖。

问题 3：本案应当由何地法院管辖？

答案：本案应由北京法院或上海法院管辖。因继承遗产纠纷提起的诉讼，由被继承人死亡时住所地或者主要遗产所在地人民法院管辖。北京法院是被继承人张某死亡时住所地法院，而上海法院是主要遗产所在地法院。

2. 涉外专属管辖（由人民法院专属管辖）：（《民事诉讼法》第 279 条）

（1）因在中华人民共和国领域内设立的法人或者其他组织的设立、解散、清算，以及该法人或者其他组织作出的决议的效力等纠纷提起的诉讼；

（2）因与在中华人民共和国领域内审查授予的知识产权的有效性有关的纠纷提起的诉讼；

（3）因在中华人民共和国领域内履行中外合资经营企业合同、中外合作经营企业合同、中外合作勘探开发自然资源合同发生纠纷提起的诉讼。

二、约定管辖

（一）协议管辖（《民事诉讼法》第35条）

1. 适用案件：财产类。
2. 只能以书面合同形式。（《民诉法解释》第29条）
3. 与争议有实际联系的地点的人民法院。（《民事诉讼法》第35条、《民诉法解释》第529条）
（1）国内：可以书面协议选择原告住所地、被告住所地、合同签订地、合同履行地、标的物所在地等与争议有实际联系的地点的人民法院管辖。（《民事诉讼法》第35条）
（2）涉外：可以书面协议选择原告住所地、被告住所地、合同签订地、合同履行地、标的物所在地、侵权行为地等与争议有实际联系地点的外国法院管辖。（《民诉法解释》第529条）
4. 应当明确：（《民诉法解释》第30条）
（1）以起诉时为准：根据管辖协议，起诉时能够确定管辖法院的，从其约定；不能确定的，依照民事诉讼法的相关规定确定管辖。
（2）可以选多个法院：管辖协议约定两个以上与争议有实际联系的地点的人民法院管辖，原告可以向其中一个人民法院起诉。
5. 按格式条款处理，未提请消费者注意无效：经营者使用格式条款与消费者订立管辖协议，未采取合理方式提请消费者注意，消费者主张管辖协议无效的，人民法院应予支持。（《民诉法解释》第31条）
6. 不得违反民事诉讼法对级别管辖和专属管辖的规定。
7. 合同转让。
合同的管辖协议对合同受让人：
（1）通常：有效。
（2）两种无效：转让时受让人不知道有管辖协议，或者转让协议另有约定且原合同相对人同意的。（《民诉法解释》第33条）

（二）应诉管辖（《民事诉讼法》第130条）

1. 案件：无论什么案件均适用。
（1）国内与涉外。
（2）各类案件，包括财产与人身。
2. 条件：
（1）对于原告提起的诉讼，本院原本没有管辖权。
（2）被告未提出管辖异议，并应诉答辩或者提出反诉的。

[考点练习]
案情：陈某向原本没有管辖权的乙县法院提起违约之诉，要求邵某赔偿经济损失50万元。邵某向乙县法院提出了管辖权异议之后，担心自己的管辖权异议不会被法

院采纳，第二天，邵某又向乙县法院提交了答辩状。

问题：乙县法院能否取得本案的管辖权？简要说明理由。

答案：不能。因为被告提出了管辖权异议，法院不能应诉管辖。

3. 例外：违反级别管辖和专属管辖规定的除外。

三、特殊地域管辖

（一）合同纠纷的管辖

1. 明确约定了合同履行地的合同纠纷：由被告住所地或者合同履行地人民法院管辖。

[考点练习]

A县的甲与B县的乙签订货物买卖合同，约定合同履行地在C县，发生争议去守约方法院进行诉讼。乙发货后产生纠纷，甲诉至A县法院，乙提出管辖异议称自己才是守约方。本案有管辖权的法院包括：（2022年考生回忆版真题／多选题）

A. 由于甲、乙都可能是守约方，所以A、B两县法院都有权管辖

B. B县法院有权管辖

C. A县法院有权管辖

D. C县法院有权管辖

答案：BD

解析：根据管辖协议，起诉时能够确定管辖法院的，从其约定；不能确定的，依照民事诉讼法的相关规定确定管辖。在起诉时，无法确定守约方，需要经过审理后才能确定，因此无法按照管辖协议确定管辖法院。由于本案中双方已经约定了合同履行地在C县，甲起诉时应当由被告乙所在地B县法院或者约定的合同履行地C县法院管辖。原告住所地A县法院对于本案没有管辖权。只有在被告没有发货的情况下产生的纠纷，才只能由被告住所地B县法院管辖。

2. 没有明确约定合同履行地的合同纠纷，根据案件性质确定管辖法院：

（1）财产租赁合同、融资租赁合同：由被告住所地或者租赁物使用地法院管辖。（《民诉法解释》第19条）

（2）以信息网络方式订立的买卖合同：（《民诉法解释》第20条）

①通过信息网络交付标的的：由被告住所地或者买受人住所地法院管辖；

②通过其他方式交付标的的：由被告住所地或者收货地法院管辖。

[解题技巧] 网购合同的管辖法院，首先看双方有没有明确约定履行地点或者交付地点：

（1）如果有，由被告住所地或者约定的履行地法院管辖。

（2）如果双方没有明确约定履行地点或者交付地点，则需要看具体的交付方式：

①如果所买的东西是通过网上交付的，由被告住所地或者买受人住所地法院管辖。

②如果所买的东西是通过线下交付的，由被告住所地或者收货地法院管辖。

[考点练习]

案情：广州的张某通过淘宝网向深圳的卖家订购了一台存储容量为4T的移动硬盘。为了检验该硬盘是否能够使用，张某要求卖家用移动硬盘拷满影片。卖家承诺，保证硬盘和影片张某都喜欢，如有任何不满意，可以无条件调换。张某在江西老家收到硬盘后，发现该硬盘中的影片全是喜羊羊等动画片，非常失望，要求卖家更换硬盘，并特别强调一定要拷上最新的法考资料。卖家表示硬盘本身无质量问题，因此不予更换，如张某一定要求更换影片，张某必须承担运费。张某表示卖家出尔反尔属于不诚信的行为，决定向法院起诉，不仅要求解除合同而且要求卖家承担违约责任。

问题：对于本案何地法院有管辖权？

答案：深圳法院或江西法院有管辖权。本案属于网购合同，双方没有约定具体的交付地点，并且是通过线下的方式交付的，因此应当由被告住所地深圳法院或者收货地江西法院管辖。

（3）因财产保险合同纠纷提起的诉讼，如果保险标的物是运输工具或者运输中的货物，可以由被告住所地、运输工具登记注册地、运输目的地、保险事故发生地法院管辖。（《民诉法解释》第21条）

（4）因人身保险合同纠纷提起的诉讼，可以由被告住所地或者被保险人住所地法院管辖。

（5）因铁路、公路、水上、航空运输和联合运输合同纠纷提起的诉讼，由运输始发地、目的地或者被告住所地法院管辖。

3.没有明确约定合同履行地的合同纠纷，根据争议标的确定管辖法院：（《民诉法解释》第18条）

（1）争议标的为给付货币的：由被告住所地或者接收货币一方所在地法院管辖；

（2）交付不动产的：由被告住所地或者不动产所在地法院管辖；

（3）其他标的：由被告住所地或者履行义务一方所在地法院管辖；

（4）即时结清的合同：由被告住所地或者交易行为地法院管辖。

4.合同没有实际履行，当事人双方住所地都不在合同约定的履行地的：（《民诉法解释》第18条）

（1）仅由被告住所地法院管辖；

（2）合同履行地法院没有管辖权。

5.担保合同的管辖：（《最高人民法院关于适用〈中华人民共和国民法典〉有关担保制度的解释》第21条）

（1）有仲裁条款的合同不得起诉：主合同或者担保合同约定了仲裁条款的，人民法院对约定仲裁条款的合同当事人之间的纠纷无管辖权。

（2）同时起诉主从合同时根据主合同确定管辖法院：债权人一并起诉债务人和担保人的，应当根据主合同确定管辖法院。

（3）仅就连带保证合同起诉时根据从合同确定管辖法院：债权人依法可以单独起诉担保人且仅起诉担保人的，应当根据担保合同确定管辖法院。

[考点练习]

案情：甲向丙借款100万元，乙承担一般保证责任，甲到期未能归还借款。

问题1：如果债权人丙与保证人乙之间存在有效的仲裁协议，约定有关担保合同的一切纠纷由A仲裁委员会仲裁。现在债权人丙与保证人乙之间就保证合同的效力发生了争议，应如何解决？

答案：应当向约定的A仲裁委员会申请仲裁。债权人丙与保证人乙之间的保证合同纠纷，法院没有管辖权。

问题2：债权人丙与债务人甲之间订立了有效的管辖协议，约定有关借款合同的一切纠纷由合同签订地法院即B法院管辖。债权人丙与保证人乙之间订立了有效的管辖协议，约定有关担保合同的一切纠纷由合同履行地法院即C法院管辖。债权人丙能否向C法院起诉保证人乙要求其承担保证责任？

答案：不能。本案是一般保证，不能只起诉保证人乙，因此不能根据保证合同确定管辖法院。无论是只起诉债务人甲，还是一并起诉债务人甲和保证人乙，本案都应当根据主合同即借款合同确定管辖法院，即由B法院管辖。

（二）侵权纠纷的管辖

1. 常考的侵权案件管辖法院：

（1）因产品质量不合格造成他人财产、人身损害提起的诉讼：产品制造地、产品销售地、侵权行为地、被告住所地人民法院都有管辖权。

（2）因铁路、公路、水上和航空事故请求损害赔偿提起的诉讼：由事故发生地或者车辆、船舶最先到达地、航空器最先降落地或者被告住所地人民法院管辖。

2. 其他侵权案件的管辖法院：由侵权行为地（包括侵权行为实施地、侵权结果发生地）或者被告住所地人民法院管辖。

（三）公司诉讼的管辖

公司诉讼由公司住所地人民法院管辖。（《民事诉讼法》第27条）

四、一般地域管辖

1. 被告所在地法院管辖。

（1）双方当事人都被监禁或者被采取强制性教育措施的：（《民诉法解释》第8条）

①被告被监禁或者被采取强制性教育措施不到1年的，由被告原住所地法院管辖。

②被告被监禁或者被采取强制性教育措施1年以上的，由被告被监禁地或者被采取强制性教育措施地法院管辖。

（2）夫妻双方离开住所地超过1年，一方起诉离婚的案件：（《民诉法解释》第12条）

①被告有经常居住地的，由被告经常居住地法院管辖。

②被告没有经常居住地的，由原告起诉时被告<u>居住地</u>法院管辖。

> **[考点练习]**
>
> 　　案情：一对四川的夫妇到广州打工，5年没回家。某天丈夫在街边的电线杆上看到了一则悬赏广告："一个香港富婆，因为丈夫没有生育能力，希望在内地找一个男子帮助其怀孕，见面即付定金30万元，借精生子成功再付120万元酬谢。"丈夫决定和妻子离婚之后去应聘。
>
> 　　问题：如果丈夫决定提起离婚诉讼，对于本案何地法院有管辖权？
>
> 　　答案：广州法院。本案属于双方都离开住所地1年以上的离婚案件。如果妻子在广州住了1年以上，广州有管辖权，理由是广州属于被告妻子的经常居住地。如果妻子在广州住的时间不到1年，广州仍然有管辖权，理由是广州属于妻子的居住地。

2.原告所在地法院管辖。

（1）对不在我国领域内居住的人，提起的<u>有关身份关系</u>的诉讼。

（2）对下落不明或者宣告失踪的人，提起的<u>有关身份关系</u>的诉讼。

（3）只有<u>被告</u>一方被监禁或者被采取强制性教育措施的。

（4）只有<u>被告</u>一方被注销户籍的。（《民诉法解释》第6条）

3.双方都能管辖。

（1）追索赡养费、扶养费、抚养费案件，几个被告住所地<u>不在</u>同一辖区的。（《民诉法解释》第9条）

（2）夫妻一方（即被告方）离开住所地超过1年，另一方（即原告方）起诉离婚的案件。（《民诉法解释》第12条）

第四节　裁定管辖

一、移送管辖

1.移送管辖的适用条件。

（1）本院已经受理了案件。

（2）本院对受理的案件没有管辖权或者其他有管辖权的法院已经<u>先立案</u>。

（3）受移送法院对该案有管辖权。

2.不能适用移送管辖的情形。

（1）<u>受移送法院</u>不能再行移送。

（2）两个以上人民法院都有管辖权的诉讼，<u>先立案</u>的人民法院不得将案件移送给另一个有管辖权的人民法院。（《民诉法解释》第36条）

（3）管辖恒定：以起诉时为准，起诉时对案件享有管辖权的法院，不因确定管辖的因素在诉讼过程中发生变化而丧失管辖权。

①案件受理后，受诉人民法院的管辖权不受当事人住所地、经常居住地变更的影响。

（《民诉法解释》第 37 条）

②有管辖权的人民法院受理案件后，不得以行政区域变更为由，将案件移送给变更后有管辖权的人民法院。（《民诉法解释》第 38 条）

二、指定管辖

1. 指定管辖的适用情形：

（1）各自的上级法院指定：

①受移送的法院认为对受移送的案件没有管辖权：此时没有与其他法院发生争议。

②有管辖权的人民法院由于特殊原因不能行使管辖权的。

（2）共同的上一级法院指定：法院之间因管辖权发生争议，协商解决不了。例如：受移送法院与原来法院发生争议。（《民诉法解释》第 40 条）

2. 指定管辖的，应当作出裁定。（《民诉法解释》第 41 条）

三、管辖权转移（《民事诉讼法》第 39 条）

1. 由下级法院向上级法院转移：可以报请上级人民法院审理。

（1）适用情形：新类型、疑难复杂或者具有普遍法律适用指导意义的案件。（《最高人民法院关于调整中级人民法院管辖第一审民事案件标准的通知》第 4 条）

（2）两种类型：

①由上级人民法院决定由其审理；

②根据下级人民法院报请决定由其审理。

2. 由上级法院向下级法院转移。

第五节　管辖权异议

1. 提出异议主体：被告。

2. 对象：地域管辖与级别管辖。（《最高人民法院关于审理民事级别管辖异议案件若干问题的规定》第 1 条）

3. 提出异议的时间及其处理。

（1）异议提出的时间：

①应当在提交答辩状期间提出。（《民事诉讼法》第 130 条）

②提交答辩状期间届满后，原告增加诉讼请求金额致使案件标的额超过受诉人民法院级别管辖标准，被告提出管辖权异议，请求由上级人民法院管辖的，人民法院应当裁定移送有管辖权的人民法院（这种情况属于管辖恒定的例外）。（《最高人民法院关于审理民事级别管辖异议案件若干问题的规定》第 3 条）

（2）逾期后果：未提出管辖异议，并应诉答辩或者提出反诉的，视为受诉人民法院有管辖权。

（3）对异议的处理：异议成立的，裁定将案件移送有管辖权的人民法院；异议不成立的，裁定驳回异议。

4.救济：对管辖权异议裁定不服，可以上诉，但不能申请再审。

[考点练习]

案情：二审法院认为一审法院违反了法定程序，裁定将本案发回一审法院重审。在一审法院重审本案时，一审法院让被告重新提交答辩状。

问题：此时被告是否有权提出管辖权异议？

答案：被告无权提出管辖权异议。只有第一次的一审前的提交答辩状期间才能提出管辖权异议。

第六章　证据

一、证明对象

（一）主张方无须举证： 由对方用相反证据反驳或者推翻［《最高人民法院关于民事诉讼证据的若干规定》（以下简称《民事证据规定》）第10条］

	主张方无须举证证明的事实	是否允许对方用相反证据反驳或推翻
(1)	自然规律以及定理、定律	不允许对方用相反证据反驳或推翻
(2)	众所周知的事实	允许对方用相反证据反驳或推翻
(3)	根据法律规定推定的事实	
(4)	根据已知的事实和日常生活经验法则推定出的另一事实	
(5)	已为仲裁机构的生效裁决所确认的事实	
(6)	已为人民法院发生法律效力的裁判所确认的基本事实	
(7)	已为有效公证文书所证明的事实	

（二）自认制度

1. 自认的效果：当事人免于举证。
2. 自认的时间：在诉讼过程中。（《民诉法解释》第92条、《民事证据规定》第3条）
（1）在证据交换、询问、调查过程中。
（2）在起诉状、答辩状、代理词等书面材料中。
3. 自认的类型。
（1）明示的自认。（《民事证据规定》第3条）
①先承认：一方当事人陈述的于己不利的事实，另一方当事人无须举证证明。
②后承认：一方当事人对于己不利的事实明确表示承认的，另一方当事人无须举证证明。
（2）默示的自认：不否认，视为承认。（《民事证据规定》第4条）
①一方当事人对于另一方当事人主张的于己不利的事实既不承认也不否认；

②经审判人员说明并询问后；

③其仍然不明确表示肯定或者否定的，视为对该事实的承认。

（3）委托代理人代为自认：只要授权委托书没有明确排除的事项，都可以。（《民事证据规定》第5条）

①原则上：当事人委托诉讼代理人参加诉讼的，诉讼代理人的自认视为当事人的自认。

②不视为自认的两种情况：授权委托书明确排除的事项＋当事人在场对诉讼代理人的自认明确否认的。

（4）共同诉讼人的自认。（《民事证据规定》第6条）

①普通共同诉讼中，共同诉讼人中一人或者数人作出的自认，对作出自认的当事人发生效力。

②必要共同诉讼中，共同诉讼人中一人或者数人作出自认而其他共同诉讼人予以否认的，不发生自认的效力。其他共同诉讼人既不承认也不否认，经审判人员说明并询问后仍然不明确表示意见的，视为全体共同诉讼人的自认。

普通共同诉讼中和必要共同诉讼中，共同诉讼人中一人或者数人作出的自认			
	对于自己	对于其他共同诉讼人	总结
普通共同诉讼中	构成自认	不构成自认	对自己，算自认，对他人，无影响
必要共同诉讼中	其他共同诉讼人不否认的：对所有的人，发生自认的效力（既不承认也不否认＋经审判人员说明并询问后仍然不明确表示意见的）		一致承认，才自认
	其他共同诉讼人否认的：对所有的人，不发生自认的效力		若有分歧，算否认

[考点练习]

案情：张某同时起诉某甲和某乙侵害其名誉权。在庭审中，某甲承认曾经在微博中发帖捏造事实侮辱张某。

问题1：如果本案是普通共同诉讼，某甲在法庭中的承认，对某乙是否构成自认？

答案：不构成自认。普通共同诉讼原本是多个案件。

问题2：如果本案是必要共同诉讼，某甲在法庭中的承认，对某乙是否构成自认？

答案：只要某乙不否认，就会对某乙产生自认的效力。在必要共同诉讼中，尽管被告有两人，但他们是同一个案件的同一方当事人，因此任何一个人的行为，通常都会被看成这一方当事人共同的行为。

问题3：如果本案是必要共同诉讼，某甲在法庭中的承认，某乙否认，对某甲是否构成自认？

答案：不构成自认。必要共同诉讼，采取整体承认或者整体否认的原则，只要其他共同诉讼人予以否认的，就不构成自认。

4. 不允许自认的事实。(《民事证据规定》第 8 条)

(1)法院依职权主动调查收集证据的事实,不适用有关自认的规定:

①涉及可能损害国家利益、社会公共利益的;

②涉及身份关系的;

③涉及《民事诉讼法》第 58 条规定诉讼的(即公益诉讼案件);

④当事人有恶意串通损害他人合法权益可能的;

⑤涉及依职权追加当事人、中止诉讼、终结诉讼、回避等程序性事项的。

(2)自认的事实与已经查明的事实不符的:人民法院不予确认。

(3)调解或者和解中因妥协认可的事实:在诉讼中,当事人为达成调解协议或者和解协议作出妥协而认可的事实,不得在后续的诉讼中作为对其不利的根据,但法律另有规定或者当事人均同意的除外。(《民诉法解释》第 107 条)

5. 自认的撤销。(《民事证据规定》第 9 条)

(1)截止时间:在法庭辩论终结前。

(2)两种情形:

①经对方当事人同意的;

②自认是在受胁迫或者重大误解情况下作出的。

(3)应当裁定:人民法院准许当事人撤销自认的,应当作出口头或者书面裁定。

二、法院调查收集证据

1. 法院依职权主动调查收集证据,限于:(《民诉法解释》第 96 条)

(1)涉及可能损害国家利益、社会公共利益的;

(2)涉及身份关系的;

(3)涉及《民事诉讼法》第 58 条规定诉讼的(即公益诉讼案件);

(4)当事人有恶意串通损害他人合法权益可能的;

(5)涉及依职权追加当事人、中止诉讼、终结诉讼、回避等程序性事项的。

2. 当事人申请人民法院调查收集。

(1)情形:(《民诉法解释》第 94 条)

①证据由国家有关部门保存,当事人及其诉讼代理人无权查阅调取的;

②涉及国家秘密、商业秘密或者个人隐私的;

③当事人及其诉讼代理人因客观原因不能自行收集的其他证据。

(2)在举证期限届满前申请。(《民事证据规定》第 20 条)

(3)书面申请人民法院调查收集。

(4)可以申请再审。

三、证明责任

1. 证明责任的概念。(《民诉法解释》第 90 条)

(1)行为意义上的:当事人对自己提出的诉讼请求所依据的事实或者反驳对方诉讼请求所依据的事实,应当提供证据加以证明,但法律另有规定的除外。

（2）结果意义上的：在作出判决前，当事人未能提供证据或者证据不足以证明其事实主张的，由负有举证证明责任的当事人承担不利的后果。

2. 分配规则：人民法院应当依照下列原则确定举证证明责任的承担，但法律另有规定的除外（无过错责任＋过错推定＋因果关系倒置）。（《民诉法解释》第91条）

（1）主张法律关系存在的当事人	应当对产生该法律关系的基本事实承担举证证明责任
（2）主张法律关系变更的当事人	应当对该法律关系变更的基本事实承担举证证明责任
（3）主张法律关系消灭的当事人	应当对该法律关系消灭的基本事实承担举证证明责任
（4）主张权利受到妨害的当事人	应当对该权利受到妨害的基本事实承担举证证明责任

背诵要点	说明
（1）需要证明的事实分四类	需要证明的争议事实共有四类，产生、变更、消灭法律关系的事实和权利受到妨害的事实
（2）法律关系＝权利	原告主张有债权，就是在主张有债权债务关系
（3）谁主张，谁举证	否定方，不举证 ①主张有权利的当事人证明的是产生；主张没有权利的当事人证明的是消灭，而不是不产生权利 ②权利受到妨害的基本事实，是指影响行使权利的各种事实，如影响原告权行使的各种事实，比如已经过了诉讼时效，就是妨害事实
（4）解题时，讲顺序	第1步：根据原告诉讼请求确定本案争议的法律关系（无过错责任＋过错推定＋因果关系倒置等） 第2步：原告举证证明产生请求权的基本事实 第3步：被告举证证明原告请求权变更、消灭、受到妨害的事实

［考点练习］

案情：原告李明起诉被告王华要求返还5万元借款。

问题1：对于是否存在5万元的借贷关系，应当由谁负举证证明责任？

答案：原告李明应当对存在借贷关系的事实负举证证明责任。

问题2：如果被告王华不愿意还钱，主张已经还钱，借贷关系已经消灭。对于被告王华是否已经还钱的事实，应当由谁负举证证明责任？

答案：被告王华要对已经还钱的事实负举证证明责任。

（1）污染环境、破坏生态的规定。

①侵权人过错，无须双方举证证明。（《民法典》第1229条）

②因污染环境、破坏生态发生纠纷，行为人应当就法律规定的不承担责任或者减轻责任的情形及其行为与损害之间不存在因果关系承担举证责任。（《民法典》第1230条）

［考点练习］

甲公司和某村签订了服务合同，用飞机低空飞行为该村喷洒农药，每次飞行都会途经李某的养鸡场，三个月后，李某向吴某履行合同时发现鸡的重量低于合同要求，认为是甲公司的飞机低空飞行产生的噪声导致鸡食欲下降进而影响了鸡的生长，遂向法院起诉甲公司，请分析本案证明责任分配。（2020年考生回忆版真题/单选题）

　　A.李某应当对飞机噪声与鸡食欲下降有因果关系承担举证证明责任

　　B.甲公司应当对飞机噪声与鸡食欲下降没有因果关系承担举证证明责任

　　C.李某应当对甲公司有过错承担举证证明责任

　　D.甲公司应当对自己没有过错承担举证证明责任

　　答案：B

　　解析：本案属于环境污染案件，应由被告甲公司举证证明没有因果关系，原告李某不必证明有因果关系。被告甲公司的主观过错，原被告双方均无须举证证明。

　　（2）堆放物倒塌、滚落或者滑落造成他人损害。

　　过错推定：堆放人不能证明自己没有过错的，应当承担侵权责任。（《民法典》第1255条）

　　[考点练习]

　　夏某在宿舍的楼道里，被季某堆放在楼道的倒塌的衣柜绊倒受伤，夏某向法院起诉季某，要求损害赔偿。在诉讼中对本案被告季某是否存在过错产生争议，关于该争议事实的证明责任分配，下列表述正确的是：（2019年考生回忆版真题/单选题）

　　A.法院承担举证证明责任

　　B.过错不是本案的证明对象

　　C.由季某证明自己没有过错

　　D.由夏某证明季某有过错

　　答案：C

　　解析：堆放在楼道的衣柜是堆放物。《民法典》第1255条规定，堆放物倒塌、滚落或者滑落造成他人损害，堆放人不能证明自己没有过错的，应当承担侵权责任。因此应当由堆放人季某证明自己没有过错。

四、证据的法定分类

（一）法定证据的八类（《民事诉讼法》第66条）

1.当事人的陈述。

2.书证。

3.物证。

4.视听资料。

5.电子数据。

6.证人证言。

7. 鉴定意见。

8. 勘验笔录。

（二）当事人到庭签署保证书（《民诉法解释》第 110 条）

1. 当事人签署并宣读保证书。（《民事证据规定》第 65 条）

（1）人民法院应当在询问前责令当事人签署保证书并宣读保证书的内容。

（2）当事人有正当理由不能宣读保证书的，由书记员宣读并进行说明。

2. 保证书的内容。（《民事证据规定》第 65 条）

保证书应当载明保证据实陈述，绝无隐瞒、歪曲、增减，如有虚假陈述应当接受处罚等内容。当事人应当在保证书上签名、捺印。

3. 拒绝的后果是作出不利于该当事人的认定。（《民事证据规定》第 66 条）

当事人无正当理由拒不到场、拒不签署或宣读保证书或者拒不接受询问的，人民法院应当综合案件情况，判断待证事实的真伪。待证事实无其他证据证明的，人民法院应当作出不利于该当事人的认定。

（三）书证

1. 文书提出命令。（即申请法院责令对方当事人提交书证）

（1）条件。（《民诉法解释》第 112 条）

①书证在对方当事人控制之下的，也适用于视听资料、电子数据。（《民事证据规定》第 99 条）

②在举证期限届满前。

③承担举证证明责任的当事人可以书面申请人民法院责令对方当事人提交。

[考点练习]

根据《民事诉讼法》和有关司法解释的规定，以下哪种证据，当事人无权申请法院责令对方当事人提交？

A. 书证　　　　　　　　B. 物证

C. 视听资料　　　　　　D. 电子数据

答案：B

解析：根据《民事证据规定》，目前三类证据都可以申请文书提出命令：书证、视听资料、电子数据。在德日等大陆法系国家，有关书证的规则也适用于视听资料和电子数据，《民事证据规定》第 99 条作了同样的规定：关于书证的规定适用于视听资料、电子数据。

（2）控制书证的当事人应当提交的书证。（《民事证据规定》第 47 条）

①引用书证：控制书证的当事人在诉讼中曾经引用过的书证；

②利益书证：为对方当事人的利益制作的书证；

③权利书证：对方当事人依照法律规定有权查阅、获取的书证；

④账簿凭证：账簿、记账原始凭证。

（3）违反的结果。（《民事证据规定》第48条、《民诉法解释》第113条）

①控制书证的当事人无正当理由拒不提交书证的，人民法院可以<u>认定对方当事人所主张的书证内容为真实</u>。

②持有书证的当事人以妨碍对方当事人使用为目的，毁灭有关书证或者实施其他致使书证不能使用行为的，人民法院可以<u>认定对方当事人主张以该书证证明的事实为真实</u>，对其处以<u>罚款、拘留</u>。

[考点练习]

案情：哥哥熊大起诉弟弟熊二遗产纠纷一案，哥哥熊大向法院提交了一份遗嘱复印件，该复印件只有一页即父亲生前所立遗嘱的最后一页。在该遗嘱上有"现金800万元归熊大"以及"原件由熊二保管"的字样。哥哥熊大跟法院说，按照这个遗产分配方案，自己应该分到现金800万元和一套房，现在给法院看的复印件只是其中一部分，只有分给自己800万元的内容，只要弟弟熊二提供了原件，就能证明自己应该分到800万元和一套房。弟弟熊二承认有这样一份遗嘱存在，但以各种理由拒绝提供。哥哥熊大在举证期限内书面申请法院责令弟弟熊二提交遗嘱原件，法院通知弟弟熊二提交，但弟弟熊二无正当理由拒绝提交。

问题1：通常情况下，法院将如何认定本案的事实？

答案：法院将认定哥哥熊大分到800万元的事实是真实的。

问题2：如果弟弟熊二故意毁灭原件，法院将如何认定本案的事实？

答案：法院将认定哥哥熊大分到800万元和一套房的事实是真实的。

2. 公文书推定为真实。（《民诉法解释》第114条）

（1）只要公文书是真实的，文书所记载的事项就<u>推定为真实</u>。

（2）对方当事人可以用相反证据推翻。

（3）必要时，人民法院可以要求制作文书的机关或者组织对<u>文书的真实性</u>予以说明。

3. 私文书证真实性的判断。（《民事证据规定》第92条）

	法条原文	记忆要点
（1）对未署名书证的规定	私文书证的真实性，由主张以私文书证明案件事实的当事人承担举证责任	引用方对内容真实性举证
（2）对已署名书证的规定	私文书证由制作者或者其代理人签名、盖章或捺印的，推定为真实	引用方对署名（即签名、盖章或捺印）真实性举证 反对方证明：①署名并非本人真实意思；②在空白处增加了内容
要点说明	（1）签名、盖章或捺印的真实性：由引用方举证，反对方不举证 （2）只要证明签名、盖章或捺印是真的，法院将认定文书是真的；对方若要反对，必须举证，否则法院仍认定文书是真的 （3）引用方证明：①签名、盖章或捺印的真实性；②未署名私文书证内容的真实性 （4）反对方证明署名书证署名并非本人真实意思或在空白处增加了内容，不证明未署名书证内容的真实性	

[考点练习]

案情：原告张某起诉被告李某要求返还借款100万元。在诉讼中原告张某向法院提交了一份借款合同。该借款合同记载的借款金额为100万元，并且还款期为起诉前一个月届满，在该借款合同上，有原告张某和被告李某双方的签名捺印。

问题1：如果被告李某在诉讼中主张借款合同上自己的签名是原告张某伪造的。对于借款合同是否真实，应当由谁负举证责任？

答案：应当由原告举证。私文书证的真实性，由主张以私文书证证明案件事实的当事人承担举证责任。原告是主张借贷关系的一方，应当对借贷关系是否产生的事实举证。借款合同是用来证明借贷关系产生的证据，对于借款合同的真实性，由原告负举证责任。

问题2：如果签名是真的，法院是否会认为被告李某向原告张某借款100万元的事实是真实的？

答案：法院会认为借款100万元的事实是真实的。借款合同由双方当事人签名捺印后，将推定借款合同所记载的内容为真实。

[考点练习]

陈北以任青欠款到期未还诉至法院，任青主张已还，提供有"陈北"签名的收条。陈北主张签名系伪造，关于收条的证明，以下说法正确的是：（2021年考生回忆版真题/多选题）

A. 陈北对收条的真实性承担举证责任

B. 任青对签名为真提供证据

C. 陈北对签名为假提供证据

D. 任青对收条的真实性承担举证责任

答案：BD

解析：应当由引用方举证证明收条为真实，反对方无须举证证明。由于该收条有"陈北"签名，只要签名是真实的，就推定收条所记载的内容是真实的。引用方须证明签名为真实，反对方无须证明。

4. 当事人提供的公文书证系在中华人民共和国领域外形成的：该证据应当经所在国公证机关证明，或者履行中华人民共和国与该所在国订立的有关条约中规定的证明手续。（《民事证据规定》第16条）

（四）证人证言

1. 证人应当出庭作证。（《民事证据规定》第68条）

（1）证人应当出庭接受询问：人民法院应当要求证人出庭作证，接受审判人员和当事人的询问。

（2）未出庭不得作为认定案件事实的根据：无正当理由未出庭的证人以书面等方式提供的证言，不得作为认定案件事实的根据。

2. 证人签署并宣读保证书。(《民事证据规定》第 71 条)

（1）通常需要签署和宣读保证书：人民法院应当要求证人在作证之前签署保证书，并在法庭上宣读保证书的内容。

（2）两种例外情况：

①无民事行为能力人和限制民事行为能力人作为证人的除外。

②证人确有正当理由不能宣读保证书的，由书记员代为宣读并进行说明。

[考点练习]

案情：王某（女）与周某（男）是夫妻，但由于工作不在同一城市，长期两地分居。最近王某向法院起诉与周某离婚，理由是周某与邻居陈某（女，已经离异）之间有婚外情。王某说，左邻右舍早就知道这个情况，只是自己最近才知道。邻居家的小孩李某，早上出门上学时经常看见周某从陈某家出来。法院根据当事人申请通知邻居李某（11 岁）出庭作证。

问题：如果李某出庭时没有签署保证书，是否能够作证？

答案：能够作证。虽然证人出庭应当签署保证书，否则不能作证，但未成年人是可以不签署保证书的。

（3）保证书的内容：保证书应当载明保证据实陈述，绝无隐瞒、歪曲、增减，如有虚假陈述应当接受处罚等内容。证人应当在保证书上签名、捺印。(《民事证据规定》第 65 条)

（4）违反的后果：证人拒绝签署或者宣读保证书的，不得作证，并自行承担相关费用。(《民事证据规定》第 71 条)

（五）视听资料与电子数据

1. 视听资料，包括录音资料和影像资料。(《民诉法解释》第 116 条)

2. 电子数据。

（1）范围：信息、电子文件。(《民事证据规定》第 14 条)

①信息包括形成或者存储在电子介质中的信息。

②电子文件包括文档、图片、音频、视频、数字证书、计算机程序等。

[考点练习]

根据《民事诉讼法》和相关司法解释的规定，以下哪些属于电子数据？

A. 在微博"民诉郭翔"中置顶的"民诉考点总结"的帖子

B. 存在电脑硬盘中的《郭翔讲民诉》的书稿

C. 在八达岭长城的城墙上用小刀刻的"王某到此一游"

D. 硬盘中存放的 office2016 盗版软件

答案：ABD

解析：只要是信息和电子文件，就属于电子数据。

（2）提交：应当提供原件。（《民事证据规定》第15条）

直接来源于电子数据的打印件，视为电子数据的原件。

3.电子数据优先：存储在电子计算机等电子介质中的视听资料，适用电子数据的规定。（《民诉法解释》第116条、《民事证据规定》第99条）

> **[解题技巧]** 八种法定证据的判断，遵守以下两个步骤：
>
> （1）电子数据优先：只要是存储在电子介质中的信息，或者形成在电子介质中的信息，不管这些信息原本是合同书还是针对侵权案件的现场所拍的照片，都要认定为电子数据。
>
> （2）不是电子数据的时候，才根据原始证据来判断题目中的证据是书证、物证还是别的证据。
>
> **[考点练习]**
>
> 案情：甲公司职工黎某因公司拖欠其工资，多次与公司法定代表人王某发生争吵，王某一怒之下打了黎某耳光。为报复王某，黎某找到江甲的儿子江乙（17岁），唆使江乙将王某办公室的电脑、投影仪等设备砸坏，承诺事成之后给其一台数码相机为报酬。事后，甲公司对王某办公室损坏的设备进行了清点登记和拍照，并委托、授权律师尚某全权处理本案。原告甲公司向法院提交了对损坏设备拍摄的照片。
>
> 问题1：如果提交给法院的照片是用数码相机拍的，该照片是哪一类法定证据？
>
> 答案：由于照片是形成于电子介质中的，因此属于电子数据。
>
> 问题2：如果提交给法院的照片是用胶片相机拍的，该照片又是哪一类法定证据？
>
> 答案：照片是物证。（1）由于该照片不是电子数据，所以要根据原始证据来判断。（2）在本案中，作为证明案件经过的原始证据是损坏的电脑和投影仪，胶片冲印出的照片只是展示电脑和投影仪的一种方式而已，本质上是根据电脑和投影仪所形成的传来证据。（3）照片不是书证，因为真正起证明作用的是照片所反映的损坏的电脑和投影仪，而不是照片本身。

（六）鉴定意见

1.申请鉴定。

（1）申请：

①法院应当向当事人释明：法院认为待证事实需要通过鉴定意见证明的，应当向当事人释明，并指定提出鉴定申请的期间。（《民事证据规定》第30条）

②另一方当事人申请：对于一方当事人就专门性问题自行委托有关机构或者人员出具的意见，另一方当事人有证据或者理由足以反驳并申请鉴定的，人民法院应予准许。（《民事证据规定》第41条）

（2）预交鉴定费用：当事人申请鉴定，应当在人民法院指定期间内提出，并预交鉴定费用。（《民事证据规定》第31条）

（3）逾期不提出申请或者不预交鉴定费用的：（《民事证据规定》第31条）

①视为放弃申请。

②对需要鉴定的待证事实负有举证责任的当事人，无正当理由不提出鉴定申请，应当承担举证不能的法律后果。

（4）鉴定人的协商与指定：当事人协商不成的，由人民法院指定。（《民事证据规定》第32条）

2. 职权委托。

（1）适用的情形：应当由法院依职权调查收集的证据。

（2）指定鉴定人：可以在询问当事人的意见后，指定具备相应资格的鉴定人。

3. 鉴定人签署承诺书。（《民事证据规定》第33条）

（1）时间：鉴定开始之前，人民法院应当要求鉴定人签署承诺书。

（2）违反的后果：鉴定人故意作虚假鉴定的，人民法院应当责令其退还鉴定费用，并进行处罚。

4. 鉴定人必须出庭。（《民事诉讼法》第81条）

（1）两种情况必须出庭：

①当事人对鉴定意见有异议，经鉴定人书面答复后，仍然有异议；（《民事证据规定》第37、38条）

②人民法院认为鉴定人有必要出庭的。

（2）出庭的方式：委托机构鉴定的，应当由从事鉴定的人员代表机构出庭。（《民事证据规定》第79条）

（3）询问鉴定人：

①经法庭许可，当事人可以询问鉴定人。（《民事证据规定》第82条）

②鉴定人必要时可以询问当事人、证人。（《民事诉讼法》第80条）

[解题技巧] 民事诉讼中鉴定人出庭的情况：

（1）在民事诉讼中，有两个情况，鉴定人都需要出庭。

（2）要求鉴定人出庭，并不需要同时满足两个条件。

（3）只要当事人对鉴定意见不认可，或者法院认为有必要，鉴定人都需要出庭。

[考点练习]

案情：在债权人张小泉起诉债务人马小勇要求返还欠款5万元的诉讼中，对于借款合同的真实性，双方有分歧。法院委托鉴定人方国华对合同的真实性进行鉴定。随后鉴定人方国华出国探亲，但是债务人马小勇对鉴定意见一直有异议。

问题：在这种情况下，鉴定人方国华是否必须要出庭？

答案：鉴定人方国华必须要出庭。

---

5. 鉴定人拒不出庭作证的后果。（《民事证据规定》第81条）

（1）鉴定意见不得作为认定事实的根据：鉴定人拒不出庭作证的，鉴定意见不得作为认定案件事实的根据。

（2）处罚：人民法院应当建议有关主管部门或者组织对拒不出庭作证的鉴定人予以**处罚**。

（3）退还鉴定费用：当事人要求退还鉴定费用的，人民法院应当在 3 日内作出裁定，**责令鉴定人退还**；拒不退还的，由人民法院依法执行。

（4）重新鉴定：当事人因鉴定人拒不出庭作证申请**重新鉴定**的，人民法院应当准许。

6. 通知有专门知识的人出庭。（《民事诉讼法》第 82 条、《民诉法解释》第 122 条）

（1）法院通知：依当事人**申请**。

（2）申请时间：在举证期限届满前。

（3）人数：一至二名具有专门知识的人。

（4）代表当事人对鉴定意见进行**质证**，或者对案件事实所涉及的专业问题提出意见。

（5）性质：具有专门知识的人在法庭上就专业问题提出的意见，视为**当事人的陈述**。

（6）费用：由提出申请的当事人负担。

（7）询问与对质：（《民诉法解释》第 123 条、《民事证据规定》第 84 条）

①人民法院和当事人，可以对出庭的具有专门知识的人进行询问。

②当事人各自申请的具有专门知识的人，可以就案件中的有关问题进行对质。

[考点练习]

　　案情：陈某是当地知名的房地产商，喜欢喝高度酒。某日陈某从当地的古玩商店"紫轩斋"购买了一个明朝的青花瓷用于盛酒。陈某的朋友李某告诉陈某，该青花瓷不是明朝的酒具。随后，陈某起诉古玩商店"紫轩斋"要求解除合同，返还货款。"紫轩斋"则坚持认为自己所出售的青花瓷不是仿制品。经"紫轩斋"申请，法院通知当地文博院研究员王教授出庭就该青花瓷的真假及用途提供专门意见。王教授告诉法院，该青花瓷是明朝的，之所以外观与一般的明朝青花瓷有差异，是因为该青花瓷是明朝官宦人家的夜壶。最终法院结合王教授的意见，认定"紫轩斋"并没有出售仿制品。

　　问题：王教授出庭的费用应当由谁负担？

　　答案：由提出申请的"紫轩斋"负担。不是由败诉方陈某负担。

五、证据的理论分类

证据名称	分类方法	解题技巧
（1）本证与反证	对证据所证明的事实，提出方是否负举证证明责任： ①负举证证明责任的人提供的为本证 ②不负举证证明责任的人提供的为反证	第一步，该证据是证明什么事实的 第二步，该事实由谁负举证证明责任 第三步，该证据是由谁提供的
（2）直接证据与间接证据	该证据是否能够单独证明案件主要事实： ①能单独证明为直接证据 ②不能单独证明为间接证据	看内容，不看效力

（续）

证据名称	分类方法	解题技巧
（3）原始证据与传来证据	是否源于案件事实： ①案件中形成的为原始证据 ②根据原始证据产生的为传来证据	效力上，原始证据的证明力大于传来证据

六、证据的保全

1.诉前证据保全。（《民事诉讼法》第84条）

（1）适用条件：

①证据可能灭失；

②证据以后难以取得。

（2）启动方式：利害关系人申请。

（3）管辖：证据所在地、被申请人住所地或者对案件有管辖权的法院。

①法院不会因为采取保全措施而获得管辖权。

②人民法院采取诉前证据保全措施后，当事人向其他有管辖权的人民法院提起诉讼的：采取保全措施的人民法院应当根据当事人的申请，将保全的证据及时移交受理案件的人民法院。（《民事证据规定》第29条）

2.诉讼证据保全。

（1）适用条件：

①证据可能灭失；

②证据以后难以取得。

（2）启动方式：

①诉讼参加人（即当事人）申请；

②法院主动采取。

（3）当事人申请的时间：在举证期限届满前书面提出。（《民诉法解释》第98条）

（4）管辖：受案法院。

3.诉前与诉中的担保要求。

（1）诉前：申请人应当提供担保。

（2）诉中：可以责令申请人提供担保。当事人或者利害关系人申请采取查封、扣押等限制保全标的物使用、流通等保全措施，或者保全可能对证据持有人造成损失的，人民法院应当责令申请人提供相应的担保。（《民诉法解释》第98条、《民事证据规定》第26条）

4.法律效果。

对该证据能证明的相关事实，可以免除提供证据的责任。

七、举证期限（《民事诉讼法》第68条）

1.举证期限由法院确定：人民法院应当在答辩期届满后的审理前的准备阶段确定当

事人的举证期限，并向当事人送达举证通知书。(《民诉法解释》第99、224条，《民事证据规定》第50条)

2. 举证期限可以由当事人协商，并经人民法院准许。(《民事证据规定》第51条)

3. 再次确定举证期限：诉讼过程中，当事人主张的法律关系性质或者民事行为效力与人民法院根据案件事实作出的认定不一致的，人民法院应当将法律关系性质或者民事行为效力作为焦点问题进行审理。当事人根据法庭审理情况变更诉讼请求的，人民法院应当准许并可以根据案件的具体情况重新指定举证期限。(《民事证据规定》第53条)

4. 当事人逾期提供证据的：(《民诉法解释》第101、102条)

(1)人民法院应当责令其说明理由，必要时可以要求其提供相应的证据。

(2)当事人因客观原因逾期提供证据，或者对方当事人对逾期提供证据未提出异议的，视为未逾期。

(3)当事人因故意或者重大过失逾期提供的证据：该证据与案件基本事实有关的，人民法院应当采纳，并依照规定予以训诫、罚款。

(4)当事人非因故意或者重大过失逾期提供的证据，人民法院应当采纳，并对当事人予以训诫。

八、质证

1. 质证的作用：未经当事人质证的证据，不得作为认定案件事实的根据。(《民诉法解释》第103条)

2. 质证的对象：

(1)当事人向法院提出的证据。

(2)当事人申请法院调查的证据。

(3)法院依照职权调查收集的证据，不属于质证对象。由审判人员对调查收集证据的情况进行说明后，听取当事人的意见。(《民事证据规定》第62条)

3. 公开质证问题。

(1)原则上都应当公开质证。

(2)公开质证的例外：涉及国家秘密、商业秘密、个人隐私或者法律规定应当保密的证据。(《民诉法解释》第103条)

[解题技巧] 涉及国家秘密、商业秘密、个人隐私的证据的质证，要区分两个问题：(1)需要质证；(2)质证不公开进行。

[考点练习]

案情：原告认为被告违反了买卖合同的约定，起诉被告要求赔偿违约金50万元，在诉讼中，原告向法院申请文书提出命令，要求被告提交会计账簿。被告在提交了会计账簿之后，告诉法院，该会计账簿涉及本公司的一些商业秘密，希望法院保密。

问题：关于该会计账簿的质证应当如何进行？

答案：需要质证，但质证活动不能公开举行。

4.免于质证：当事人在审理前的准备阶段或者人民法院调查、询问过程中发表过质证意见的证据，视为质证过的证据。（《民诉法解释》第103条、《民事证据规定》第60条）

九、认定

1.不能单独作为认定案件事实根据的证据：（《民事证据规定》第90条）

（1）当事人的陈述；

（2）无民事行为能力人或者限制民事行为能力人所作的与其年龄、智力状况或者精神健康状况不相当的证言；

（3）与一方当事人或者其代理人有利害关系的证人陈述的证言；

（4）存有疑点的视听资料、电子数据；

（5）无法与原件、原物核对的复制件、复制品。

[考点练习]

根据《民事诉讼法》和相关司法解释的规定，以下哪些证据不能单独作为认定案件事实的根据？

A.原告李某所作的对自己不利的陈述

B.原告马富贵的女儿所提供的对原告不利的证据

C.被重新编辑过的录音带

D.原件已经灭失的合同复印件

答案：BCD

解析：A选项是解题的难点。当事人的陈述是不能单独作为认定案件事实根据的，但是原告李某所作的对自己不利的陈述已经构成自认，可以单独作为法院认定案件事实的根据。B选项中原告马富贵的女儿所提供的对原告不利的证据，能不能作为单独认定案件事实的根据呢？是不可以的。因为只要是有利害关系的证人所出具的证言，都不能单独作为认定事实的根据，可以想一想，女儿怎么会提供对原告不利的证据呢？一定是有某个原因的。记住只要有关系就不能单独认定，不考虑有利不利。录音带被重新编辑过，会让录音带的内容令人怀疑。原件已经灭失，会导致复印件无法与原件核对。C、D选项中的证据也不能单独作为认定案件事实的根据。

2.私录证据原则上可以采纳。对以严重侵害他人合法权益、违反法律禁止性规定或者严重违背公序良俗的方法形成或者获取的证据，不得作为认定案件事实的根据。（《民诉法解释》第106条）

十、证明标准

证明标准，是指法院在诉讼中认定案件事实所要达到的证明程度，是法院判断待证事实的基准。

1.通常的证明标准是高度可能性：对负有举证证明责任的当事人提供的证据，人民法院经审查并结合相关事实，确信待证事实的存在具有<u>高度可能性</u>的，应当认定该事实存在。(《民诉法解释》第 108 条)

2.有两种例外情况:(《民事证据规定》第 86 条)

(1)5 种情况提高到排除合理怀疑:当事人对于<u>欺诈、胁迫、恶意串通</u>事实的证明，以及对于<u>口头遗嘱或赠与</u>事实的证明，人民法院确信该待证事实存在的可能性能够<u>排除合理怀疑</u>的，应当认定该事实存在。

(2)程序事项降低为存在的可能性较大:与诉讼保全、回避等<u>程序事项</u>有关的事实，人民法院结合当事人的说明及相关证据，认为有关事实<u>存在的可能性较大</u>的，可以认定该事实存在。

[考点练习]

李老太通过证券公司购买了一份投资理财产品，但由于市场原因财产利益清零了。李老太诉至法院要求证券公司退还本金，并主张证券公司告知自己购买的理财产品是保本型，但无法提供证据证明。证券公司为证明未欺骗李老太，向法院提供了一份原始合同，上面有李老太亲笔书写的"本人知晓本理财产品存在损失风险"。李老太则辩说此系应销售人员要求所为。关于本案中李老太是否知悉本金风险这一争点，下列哪一选项是正确的?

A.对"产品的本金风险是否告知"的证明标准应达到"排除合理怀疑"

B.原始合同是间接证据

C.证券公司举证证明后，行为意义上的举证责任转移至李老太

D.本案中李老太应对是否知悉本金风险承担举证证明责任

答案:A

解析:是否存在欺诈，证明标准是能够排除合理怀疑，不是高度可能性。原始合同能证明是否存在欺诈，是直接证据。李老太是否知悉本金风险，属于李老太权利消灭的事实，应当由证券公司承担举证证明责任。证券公司原始合同的真伪，应当由主张方证券公司承担举证责任。"本人知晓本理财产品存在损失风险"这句话，如果有李老太的本人签名，证券公司只需证明签名是真实的就可推定这句话是基于李老太真实意思书写的。如果没有李老太本人的签名，证券公司需要证明这句话是基于李老太真实意思书写的。

第七章　诉讼保障制度

第一节　保全制度

一、诉前保全

1. 适用条件。

（1）时间：诉讼或者申请仲裁前。

（2）情形：不立即申请保全将会使其合法权益受到难以弥补的损害的。

（3）启动：需要利害关系人申请。

（4）应当担保：申请人应当提供担保，不提供担保的，裁定驳回申请。

2. 诉前财产保全类案件的管辖。

（1）管辖法院：

①财产保全：被保全财产所在地、被申请人住所地或者对案件有管辖权的法院。

②行为保全：被申请人住所地或者对案件有管辖权的法院。（《最高人民法院关于审查知识产权纠纷行为保全案件适用法律若干问题的规定》第 3 条）

（2）如果 30 日内没有起诉或者申请仲裁，由此引发的赔偿诉讼由采取该保全措施的人民法院管辖。

①时间：采取保全措施后 30 日内应提起诉讼或者申请仲裁。

②没有提起诉讼或者申请仲裁的后果：法院应当解除保全。

③给被申请人造成损失引起诉讼的管辖：由采取该保全措施的法院管辖。

（3）保全手续移送：（《民诉法解释》第 160 条）

①当事人向采取诉前保全措施以外的其他有管辖权的人民法院起诉的，采取诉前保全措施的人民法院应当将保全手续移送受理案件的人民法院。

②诉前保全的裁定视为受移送人民法院作出的裁定。

3. 对申请的裁定时间。

必须在 48 小时内作出。

二、诉讼中保全

1. 适用条件。

（1）时间：诉讼中。

（2）情形：判决难以执行或者造成当事人其他损害的案件。

（3）启动：①当事人申请；②法院依职权。

（4）担保：可以责令申请人提供担保，申请人不提供担保的，裁定驳回申请。

2. 管辖。

（1）向受案人民法院提出。

（2）上诉案件：在二审法院接到报送的案件前，由一审人民法院采取。

3. 对申请的裁定时间。

（1）情况紧急的：必须在48小时内作出裁定。

（2）通常，5日内处理。（《最高人民法院关于人民法院办理财产保全案件若干问题的规定》第4条）

三、诉讼后保全（《民诉法解释》第163条）

1. 时间：法律文书生效后，进入执行程序前。

2. 条件：①债权人因对方当事人转移财产等紧急情况＋②不申请保全将可能导致生效法律文书不能执行或者难以执行的。

3. 只能依申请：债权人可以申请采取保全措施。

4. 管辖法院：向执行法院申请采取保全措施。

5. 解除：债权人在法律文书指定的履行期间届满后5日内不申请执行的，人民法院应当解除保全。

四、财产保全的特别规定

1. 人民法院对抵押物、质押物、留置物可以采取财产保全措施，但不影响抵押权人、质权人、留置权人的优先受偿权。（《民诉法解释》第157条）

（1）查封、扣押、冻结担保物权人占有的担保财产，一般由担保物权人保管；

（2）由人民法院保管的，质权、留置权不因采取保全措施而消灭。（《民诉法解释》第154条）

2. 担保数额。（《最高人民法院关于人民法院办理财产保全案件若干问题的规定》第5条）

（1）诉中：不超过请求保全数额的30%。

（2）诉前：相当于请求保全数额。

（3）担保不足以赔偿可以责令其追加财产。

3. 人民法院对不宜长期保存的物品采取保全措施时，由人民法院保存价款。（《民诉法解释》第153条）

4.申请解除财产保全。(《民诉法解释》第167条)

(1)条件：财产保全的被保全人提供其他等值担保财产且有利于执行的。

(2)裁定：法院可以裁定变更保全标的物为被保全人提供的担保财产。

(3)例外：被保全人请求对作为争议标的的财产解除保全的，须经申请保全人同意。(《最高人民法院关于人民法院办理财产保全案件若干问题的规定》第22条)

5.债务人的财产不能满足保全请求，但对他人有到期债权的：(《民诉法解释》第159条)

(1)人民法院可以依债权人的申请裁定该他人不得对本案债务人清偿。

(2)该他人要求偿付的，由人民法院提存财物或者价款。

第二节　先予执行

一、先予执行

1.适用案件范围：(《民事诉讼法》第109条、《民诉法解释》第170条)

(1)追索赡养费、扶养费、抚养费、抚恤金、医疗费用的；

(2)追索劳动报酬的；

(3)需要立即停止侵害、排除妨碍的；

(4)需要立即制止某项行为的；

(5)追索恢复生产、经营急需的保险理赔费的；

(6)需要立即返还社会保险金、社会救助资金的；

(7)不立即返还款项，将严重影响权利人生活和生产经营的。

2.适用条件：

(1)当事人之间权利义务关系明确。

(2)不先予执行将严重影响申请人的生活或者生产经营的。

(3)被申请人有履行能力。

(4)先予执行必须依当事人的申请适用，人民法院不得依职权适用。

(5)在受理案件后终审判决作出前采取。(《民诉法解释》第169条)

3.担保：不是必需的。

二、对保全裁定与先予执行裁定的救济

1.复议程序。(《民诉法解释》第171、172条)

(1)复议对象：保全或者先予执行裁定。

(2)申请法院：作出裁定的人民法院。

2.再审。

(1)只能由法院主动再审。

(2)当事人不可以申请再审。

第三节　对妨害民事诉讼的强制措施

1. 拘传的适用条件。

（1）原告和被告都可以适用。（《民诉法解释》第 174 条）

①被告：负有赡养、抚育、扶养义务和不到庭就无法查清案情的被告。

②原告：必须到庭才能查清案件基本事实的原告。

③无民事行为能力的当事人的法定代理人：经传票传唤无正当理由拒不到庭，必要时，人民法院可以拘传其到庭。

（2）经两次传票传唤。

（3）无正当理由拒不到庭。

（4）拘传必须用拘传票，并直接送达被拘传人。（《民诉法解释》第 175 条）

2. 拘留与罚款。

（1）罚款、拘留应当用决定书。（《民事诉讼法》第 119 条）

（2）拘传、罚款、拘留必须经院长批准。（《民事诉讼法》第 119 条）

（3）可以向上一级人民法院申请复议一次。复议期间不停止执行。（《民诉法解释》第 185、186 条）

3. 虚假诉讼。（《民事诉讼法》第 115 条）

（1）两种情形。

①当事人之间恶意串通，企图通过诉讼、调解等方式侵害国家利益、社会公共利益或者他人合法权益的。

②当事人单方捏造民事案件基本事实，向人民法院提起诉讼，企图侵害国家利益、社会公共利益或者他人合法权益的。

（2）处理方式。

人民法院应当驳回其请求，并根据情节轻重予以罚款、拘留；构成犯罪的，依法追究刑事责任。

第四节　期间制度

1. 期间的计算：在途时间不包括在内，诉讼文书在期满前交邮的，不算过期。

2. 期间的顺延：（《民事诉讼法》第 86 条）

（1）法定情形：因不可抗拒的事由或者其他正当理由耽误期限的；

（2）需要当事人申请；

（3）申请时间：在障碍消除后的 10 日内；

（4）是否准许，由人民法院决定。

第五节　送达制度

1. 直接送达。

（1）受送达人本人。（《民事诉讼法》第 88 条）

（2）受送达人是公民的，本人不在交他的同住成年家属签收，也是直接送达。（《民事诉讼法》第 88 条）

（3）人民法院直接送达诉讼文书的，可以通知当事人到人民法院领取；当事人到达人民法院，拒绝签署送达回证的，视为送达。审判人员、书记员应当在送达回证上注明送达情况并签名。（《民诉法解释》第 131 条第 1 款）

（4）人民法院可以在当事人住所地以外向当事人直接送达诉讼文书；当事人拒绝签署送达回证的，采用拍照、录像等方式记录送达过程即视为送达。审判人员、书记员应当在送达回证上注明送达情况并签名。（《民诉法解释》第 131 条第 2 款）

2. 留置送达。

（1）条件：受送达人或者他的同住成年家属拒绝接收诉讼文书。

（2）方式：（《民事诉讼法》第 89 条）

第一种方式：由送达人、见证人签名或者盖章，把诉讼文书留在受送达人的住所。

第二种方式：把诉讼文书留在受送达人的住所，并采用拍照、录像等方式记录送达过程。

（3）调解书不适用留置送达：调解书应当直接送达当事人本人，不适用留置送达。当事人本人因故不能签收的，可由其指定的代收人签收。（《民诉法解释》第 133 条）

3. 委托送达。

只能委托其他法院，而不能委托其他机构。

4. 转交送达。

受送达人，只能是军人或者犯人。（《民事诉讼法》第 92、93 条）

5. 邮寄送达。

以回执上注明的收件日期为送达日期。（《民事诉讼法》第 91 条）

6. 公告送达。（《民诉法解释》第 138 条）

（1）情形：受送达人下落不明，或者用其他方式无法送达的。

（2）期限：

①国内：自发出公告之日起，经过 30 日，即视为送达。（《民事诉讼法》第 95 条第 1 款）

②涉外：自发出公告之日起，经过 60 日，即视为送达。（《民事诉讼法》第 283 条）

（3）不适用公告送达：适用简易程序的案件，不适用公告送达。（《民诉法解释》第 140 条）

（4）公告方式：公告送达可以在法院的公告栏和受送达人住所地张贴公告，也可以在报纸、信息网络等媒体上刊登公告。

7. 电子送达。(《民事诉讼法》第90条）

（1）条件：经受送达人同意。

（2）方式：能够确认受送达人收悉的电子方式。

[考点练习]

案情：由于被告下落不明，某法院在"新浪网"上发布了开庭通知。

问题：这种送达方式，属于公告送达还是电子送达？

答案：这是公告送达。

（3）电子送达判决书、裁定书、调解书：受送达人提出需要纸质文书的，人民法院应当提供。

（4）送达日期：送达信息到达受送达人特定系统的日期。

第八章 法院调解制度

第一节 法院调解的适用范围

1. 适用的情形:审判程序(包括一审、二审和再审程序),一般都适用调解。

2. 不适用的情形:(《民诉法解释》第 143 条)

(1)执行程序。

(2)适用特别程序、督促程序、公示催告程序的案件(注意:破产程序中的劳动争议纠纷、债权债务纠纷可以调解)。

(3)婚姻等身份关系确认案件。(《最高人民法院关于适用〈中华人民共和国民法典〉婚姻家庭编的解释(一)》第 11 条)

①对婚姻效力的审理不适用调解,应当依法作出判决。

②涉及财产分割和子女抚养的,可以调解。调解达成协议的,另行制作调解书;未达成调解协议的,应当一并作出判决。

第二节 法院调解程序的进行

1. 调解不公开原则。(《民诉法解释》第 146 条)

2. 委托调解。

经各方当事人同意,人民法院可以委托有关的单位或者个人对案件进行调解,达成调解协议后,人民法院应当依法予以确认。

3. 调解协议的担保。(《最高人民法院关于人民法院民事调解工作若干问题的规定》第 9 条)

(1)调解协议约定一方提供担保或者案外人同意为当事人提供担保的,人民法院应当准许。

(2)当事人或者案外人提供的担保符合民法典规定的条件时生效。

(3)案外人提供担保的,人民法院制作调解书应当列明担保人,并将调解书送交担保人。

(4)担保人不签收调解书的,不影响调解书生效(但不得留置送达)。

(5)调解书确定的担保条款条件成就时,当事人申请执行的,人民法院应当依法执行。

第三节　法院调解程序的结束

1. 调解达成协议是否需要制作调解书结案：

（1）通常来讲：调解达成协议，人民法院<u>应当制作调解书</u>（不能反悔的是调解书，能够执行的也是调解书）。

（2）以下三种情况，<u>法定可以不制作调解书</u>（不需要执行）：

①调解和好的离婚案件；

②调解维持收养关系的案件；

③能够即时履行的案件。

（3）双方当事人<u>协议不制作调解书</u>的，可不制作调解书，用调解协议结案（不能反悔的是调解协议，<u>能够执行的是调解书</u>）。（《民诉法解释》第 151 条）

①需要当事人同意：当事人各方同意在调解协议上签名或者盖章后即发生法律效力。

②经人民法院审查确认后：应当记入笔录或者将调解协议附卷。

③由当事人、审判人员、书记员签名或者盖章后调解协议具有法律效力。

④当事人请求制作调解书的：人民法院审查确认后可以制作调解书送交当事人。

调解达成协议	是否需要制作调解书结案	不能反悔的	能够执行的	
	（1）通常法院<u>应当制作调解书</u>	调解书	调解书	《民事诉讼法》第 100 条
	（2）法定可以不制作调解书：只有三种情况	调解笔录	不需要执行	《民事诉讼法》第 101 条
	（3）协议可以不制作调解书：当事人各方同意	调解协议	调解书	《民诉法解释》第 151 条

[考点练习]

案情：原告林青苗诉被告王文军要求赔偿医疗费 2 万元的诉讼中，在法院主持下，双方达成调解协议。被告王文军在 1 个月内向原告支付医疗费 15 000，原告林青苗放弃了 5 000 元的诉讼请求。在结案方式上，双方均同意在调解协议上签名或者盖章后即发生法律效力。

问题：此时可否用调解协议结案？

答案：可以。本案不属于能够即时履行的案件，原则上是需要制作调解书的。但是由于双方已经同意，可以用调解协议结案。

2. 不得请求法院制作判决书：

（1）通常：当事人自行和解或者调解达成协议后，请求人民法院按照和解协议或者调解协议的内容<u>制作判决书</u>的，人民法院<u>不予准许</u>。（《民诉法解释》第 148 条）

（2）例外：可以请求根据调解协议内容制作判决书：

①<u>无民事行为能力人</u>的离婚案件，由其法定代理人进行诉讼。法定代理人与对方达

成协议要求发给判决书的，可根据协议内容制作判决书。

②<u>涉外</u>民事诉讼中，经调解双方达成协议，应当制发调解书。当事人要求发给判决书的，可以依协议的内容制作判决书送达当事人。(《民诉法解释》第 528 条）

第九章　一审普通程序

扫描右侧二维码"听课＋做题"，直达最佳学习效果
1. 在线听课：学习本章节核心考点讲解课程。
2. 在线刷题：点击 ✎ 进入题库做章节练习。

第一节　程序启动

一、起诉的积极条件

1. 具体要求：法院依职权调查。（《民事诉讼法》第 122 条）

（1）原告是与本案有直接利害关系的<u>公民、法人和其他组织</u>。

（2）有<u>明确</u>的被告。注意：这里是明确的被告，而非正确的被告。（《民诉法解释》第 209 条）

[解题技巧] 作为起诉条件的被告明确：

（1）被告必须在起诉时还活着：如果被告在起诉时已经死亡，则不符合起诉条件。

（2）被告必须在起诉时能够明确：名称＋住所。

①原告提供被告的姓名或者名称、住所等信息具体明确，足以使被告与他人相区别的，可以认定为有明确的被告。

②原告提供的被告住址是否明确，关键是看法院能否向被告的住址进行送达。

[考点练习]

案情：李大梅晚上骑自行车没注意翻到山沟里骨折，花掉医疗费 5 000 元，决定向法院起诉。

问题 1：法官问李大梅起诉谁，李大梅说估计是死去多年的张成功缠上自己了，起诉张成功。此时法院是否应受理本案？

答案：法院不受理。起诉时被告已经死亡，本案没有被告。

问题 2：法官问李大梅起诉谁，李大梅说起诉王小宝。事实上李大梅骑自行车翻山沟里时王小宝正在国外度假。请问此时法院能否受理？

答案：法院会受理。即便被告是错误的，法院也会受理。但原告把被告弄错了，会导致原告败诉。

问题 3：法官问李大梅起诉谁，李大梅说起诉王小宝。法院送达时，发现原告李大梅所提供的被告王小宝的地址有误，经多方了解和查证也无法确定准确地址。此

时法院应当如何处理？

　　答案：法院将裁定驳回起诉。这种情况下，原告其实是胡乱提供了一个地址。从形式上看是具体的地址，但实质上这个地址不是被告的地址。由于发现不符合起诉条件是在法院立案后，法院应裁定驳回起诉。

　　（3）有具体的诉讼请求和事实、理由。

　　（4）属于人民法院受理民事诉讼的范围和受诉人民法院管辖。

　　2. 起诉状内容：案由并非起诉状的法定内容。（《民事诉讼法》第124条）

　　（1）双方当事人的基本情况。

　　（2）诉讼请求和所根据的事实与理由。

　　（3）证据和证据来源，证人姓名和住所。

　　3. 处理方式：

　　（1）符合条件：立案受理。

　　（2）立案前发现不符合条件：裁定不予受理。

　　（3）立案后发现不符合条件：

　　①通常：裁定驳回起诉。

　　②立案后发现本院没有管辖权的，应当将案件移送有管辖权的人民法院。（《民诉法解释》第211条）

二、起诉的消极条件：不得重复起诉

　　1. 重复起诉的判断：当事人就已经提起诉讼的事项在诉讼过程中或者裁判生效后再次起诉，同时符合下列条件的，构成重复起诉：（《民诉法解释》第247条）

　　（1）后诉与前诉的当事人相同；

　　（2）后诉与前诉的诉讼标的相同；

　　（3）后诉与前诉的诉讼请求相同，或者后诉的诉讼请求实质上否定前诉裁判结果。

构成要件	（1）后诉与前诉的当事人相同	＝①前诉张三起诉李四，后诉张三起诉李四
		＝②前诉张三起诉李四，后诉李四起诉张三
	（2）后诉与前诉的诉讼标的相同	＝后诉与前诉围绕同一个民事法律关系进行诉讼
基本类型	（1）诉讼请求相同型重复起诉	＝后诉与前诉的诉讼请求相同
	（2）诉讼请求不同型重复起诉	＝后诉的诉讼请求实质上否定前诉裁判结果
判断步骤	找出两个诉讼的当事人，做对比：当事人不同，不是重复起诉；前诉原告又成了后诉当事人，可能是重复起诉	
	找出两个诉讼的诉讼标的（即一个诉讼标的＝一个民事权利义务关系），相同：重复起诉；不同：不是重复起诉	
	※ 不要根据诉讼请求是否相同判断是否构成重复起诉，重复起诉有两个类型：诉讼请求相同型（反复要）和诉讼请求不同型（想反悔）。诉讼请求不同型重复起诉，是考试重点	

[考点练习]

案情:张成功起诉李大梅,要求李大梅履行房屋买卖合同交付房屋。法院经审理后认为,买卖合同不成立,判决张成功败诉。

问题1:1个月后,张成功基于同一房屋买卖合同,再次起诉李大梅要求交付房屋,这属于重复起诉吗?

答案:这属于重复起诉。当事人相同+诉讼标的相同。后诉请求与前诉请求相同。

问题2:2个月后,张成功基于同一房屋买卖合同,起诉李大梅要求承担违约责任。这属于重复起诉吗?

答案:这也属于重复起诉。当事人相同+诉讼标的相同。此时尽管后诉请求与前诉请求不同,但后诉请求属于实质上在否定前诉裁判结果:前诉已经认定没有合同关系,根本不会违约,后诉仍然请求法院认定被告违约。

2.重复起诉的处理。

| (1)原则上:不允许 | ①裁定不予受理;②已经受理的,裁定驳回起诉 |
| (2)有例外:允许重复起诉 | 四种情况 |

3.以下属于重复起诉的案件,基于特殊原因,可以再次起诉:

(1)裁判发生法律效力后,发生新的事实,当事人再次提起诉讼的,人民法院应当依法受理。(《民诉法解释》第248条)

[考点练习]

案情:A公司和B销售公司签订买卖合同,B公司一直没有发货,A向甲市乙区法院起诉B公司要求履行合同。法院经过审理后查明是B公司的供货商C公司由于疫情原因停工,故B公司无法发货。遂判决驳回了A公司的诉讼请求。双方当事人均未上诉。三个月后,A公司发现C公司已经全面复工,但B公司仍未履行合同。

(根据2020年考生回忆版真题改编)

问题:A公司可否再次起诉B公司履行合同?

答案:可以。按照《民法典》第590条,当事人一方因不可抗力不能履行合同的,根据不可抗力的影响,部分或者全部免除责任。由于疫情原因C公司停工,B公司无法发货,判决驳回了A公司的诉讼请求,判决没有错误,不得再审。C公司已经全面复工,但B公司仍未履行合同,属于裁判生效后发生的新的违约事实,A公司可以起诉。

(2)离婚案件和解除收养关系案件。(《民事诉讼法》第127条、《民法典》第1079条)

判决不准离婚和调解和好的离婚案件,判决、调解维持收养关系的案件,原告有新情况、新理由,或者6个月后原告又起诉的,法院受理。

[考点练习]

案情：蒋某与钱某是夫妻，结婚3天以后，蒋某到法院起诉与钱某离婚。审理本案的法官告诉两人，法院认为双方感情没有破裂，不会判决离婚。

问题1：如果法院判决不准离婚，被告钱某在判决生效之后，能否马上起诉离婚？

答案：可以。被告起诉不受任何限制。

问题2：如果法院判决不准离婚，原告蒋某要再次起诉离婚，应当满足什么条件？

答案：如果原告蒋某要再次起诉离婚，需要过6个月。如果原告蒋某在6个月内能提出新的情况或者新的理由，法院也会受理离婚诉讼。

（3）赡养费、扶养费、抚养费案件，裁判发生法律效力后，因新情况、新理由，一方当事人再行起诉要求增加或者减少费用的，人民法院应作为新案受理。（《民诉法解释》第218条）

（4）强制反诉：反诉与本诉的诉讼请求基于相同法律关系的，人民法院应当合并审理。（《民诉法解释》第233条）

①基于同一个法律关系，如果被告提出了反诉，法院应当受理；

②但如果被告不在本诉中提反诉，而就反诉的请求另行起诉，则法院不应当受理。

4.不属于重复起诉的情形：因未经过实体审理，可以另行起诉。

（1）裁定不予受理、驳回起诉的案件，原告再次起诉，符合起诉条件的，人民法院应予受理。（《民诉法解释》第212条）

（2）原告撤诉或者人民法院按撤诉处理后：（《民诉法解释》第214条）

①原告以同一诉讼请求再次起诉的：人民法院应予受理。

②原告撤诉或者按撤诉处理的离婚案件，没有新情况、新理由，6个月内又起诉的，不予受理。（原告受限制，被告不受限；原告要有新情况、新理由或者6个月后）

第二节　程序进行与结束

一、撤诉

1.申请撤诉的考点。

（1）撤诉的时间：案件受理后，判决宣告前。

（2）是否准许，由人民法院裁定。

2.视为撤诉的条件。

（1）未预交案件受理费：原告应当预交而未预交案件受理费，人民法院应当通知其预交，通知后仍不预交或者申请减、缓、免未获批准而仍不预交的，裁定按撤诉处理。（《民诉法解释》第213条）

（2）经传票传唤无正当理由不到庭或未经法庭许可退庭。

3.不准许撤诉的情况。（《民诉法解释》第238条）

（1）当事人申请撤诉或者依法可以按撤诉处理的案件，如果当事人有违反法律的行为需要依法处理的，人民法院可以不准许撤诉或者不按撤诉处理。

如：法院受理请求确认婚姻无效案件后，原告申请撤诉的，不予准许。（《最高人民法院关于适用〈中华人民共和国民法典〉婚姻家庭编的解释（一）》第11条）

（2）法庭辩论终结后原告申请撤诉，被告不同意的，人民法院可以不予准许。

[考点练习]

案情：原告张某起诉被告李某要求返还借款5万元的诉讼，法院开庭审理，在法庭辩论终结后，原告张某感觉自己败诉已成定局，打算向法院撤回起诉。

问题：对于原告张某此时提出的撤诉申请，法院如何处理？

答案：法院应当根据被告是否同意分别处理：如果被告李某不同意，法院将不予准许撤回起诉；如果被告李某同意，法院可以准予撤回起诉。

4.撤诉的效果：视为没有起诉（2023年主观题考点）

（1）以起诉方式解除合同后撤诉。（《最高人民法院关于适用〈中华人民共和国民法典〉合同编通则若干问题的解释》第54条）

①通知再次到达：撤诉后又通知对方解除合同且该通知已经到达对方。

②合同自再次起诉的起诉状副本送达对方时解除：未通知对方，直接以提起诉讼的方式主张解除合同，撤诉后再次起诉主张解除合同，法院经审理支持该主张的。

（2）对比：通常情况。（《民法典》第565条）

①合同自通知到达对方时解除。

②合同自起诉状副本或者仲裁申请书副本送达对方时解除：未通知对方，直接以提起诉讼或者申请仲裁的方式依法主张解除合同，法院或者仲裁机构确认该主张。

二、缺席判决

1.缺席判决的适用对象：原告、被告和无独三。（《民诉法解释》第235、240条）

2.对原告适用缺席判决的情形：

（1）被告提起反诉时，原告经传票传唤，无正当理由拒不到庭，或者未经法庭许可中途退庭的。

（2）原告申请撤诉，人民法院裁定不准许撤诉，原告经传票传唤，无正当理由拒不到庭的。

三、审理阻碍

1.延期审理的情形。

（1）必须到庭的当事人和其他诉讼参与人有正当理由没有到庭的；

（2）当事人临时提出回避申请的；

（3）需要通知新的证人到庭，调取新的证据，重新鉴定、勘验，或者需要补充调查的；

（4）其他应当延期的情形。

2.诉讼中止的情形。

（1）一方当事人死亡，需要等待继承人表明是否参加诉讼的；

（2）一方当事人丧失诉讼行为能力，尚未确定法定代理人的；

[考点练习]

王某在与明辉公司的诉讼中，突发脑梗，经抢救成为"植物人"，王某的父亲老王认为应当撤诉专心为王某治病，王某的妻子张某认为应当继续审理，下列说法正确的是：（2021年考生回忆版真题/单选题）

A.裁定诉讼中止

B.裁定撤诉

C.应追加张某为共同原告，继续审理

D.应裁定张某为代理人，继续审理

答案：A

解析：应当先确定法定代理人，由法定代理人代为诉讼时决定撤诉还是继续审理。民事诉讼中，只有法定诉讼代理人和委托诉讼代理人两类，法院无权依职权裁定代理人。

（3）作为一方当事人的法人或者其他组织终止，尚未确定权利义务承受人的；

（4）一方当事人因不可抗拒的事由，不能参加诉讼的；

（5）本案必须以另一案的审理结果为依据，而另一案尚未审结的。

3.诉讼终结的情形。

（1）原告死亡，没有继承人，或者继承人放弃诉讼权利的；

（2）被告死亡，没有遗产，也没有应当承担义务的人的；

（3）离婚案件一方当事人死亡的；

（4）追索赡养费、扶养费、抚育费以及解除收养关系案件的一方当事人死亡的。

4.适用文书。

（1）延期审理：决定书。

（2）诉讼中止和诉讼终结：裁定书。

四、裁判

1.判决的错误。

（1）笔误（即误写、误算）用裁定补正：

①笔误是指法律文书误写、误算，诉讼费用漏写、误算和其他笔误。（《民诉法解释》第245条）

②当事人以民事调解书与调解协议的原意不一致为由提出异议，人民法院审查后认

为异议成立的，应当根据调解协议裁定补正民事调解书的相关内容。（《最高人民法院关于人民法院民事调解工作若干问题的规定》第13条）

（2）判决的实质错误：原审人民法院发现判决有错误。（《民诉法解释》第242条）

①当事人在上诉期内提出上诉的，原审人民法院可以提出原判决有错误的意见，报送第二审人民法院，由第二审人民法院按照第二审程序进行审理；

②当事人不上诉的，按照审判监督程序处理。

2. 既判力。

判决生效后所具有的确定效力，分为形式上的确定力（判决生效后，当事人不得提起诉讼或者提起上诉）和实质上的确定力（生效判决确定的实体权利义务，当事人不得争执，法院不得改变）。

（1）部分请求：

①含义：原告就同一个请求权仅提出了部分请求。

②法院应当释明：可以提出其余的诉讼请求。

③原告不增加其余请求：法院只对部分请求作出判决。

④原告增加其余请求：法院就全部请求作出判决。

⑤其余的诉讼请求：不得另行起诉。

[考点练习]

甲因咨询合同纠纷起诉乙，要求乙支付咨询费2万元，法院审理中发现，该合同约定的咨询费共20万元，乙从未支付，法院遂问甲是否主张20万元，甲明确表示，乙的拖欠行为违反诚信，因此要分10次起诉惩罚乙，以下法院处理正确的是？（2021年考生回忆版真题/不定项）（　　）

A. 就20万元咨询费一并审判，并不违反处分原则

B. 征求甲的意见后，再决定是否将18万元纳入审理范围

C. 就2万元咨询费进行审理，判决的既判力客观范围扩张至20万元

D. 就2万元咨询费进行审理，判决的既判力客观范围限于2万元

答案：BC

简要解析：本案的诉讼标的是咨询合同关系。一方面根据原告诉讼请求作出判决。另一方面，无论原告的诉讼请求是否完整，咨询合同关系已被裁判过，判决的既判力客观范围扩张至20万元。

（2）诉讼请求（诉讼标的）。

[考点练习]

甲公司和乙公司签订租赁合同，后来因为国内爆发"新冠"疫情导致合同目的无法实现，甲公司向乙公司发出解除合同的通知，乙公司未对此提出异议。后乙公司起诉甲公司要求支付租金，甲公司主张合同已经解除。关于本案表述正确的是？

A. 甲公司可以抗辩的方式主张解除合同

B. 甲公司可以反诉形式主张合同已经解除

C. 甲公司如果以抗辩的方式解除合同，法院的判决对解除合同有既判力

D. 甲公司如果以反诉的方式解除合同，法院的判决对解除合同有既判力

答案：ABD

简要解析：反诉是独立的诉。法院对诉讼请求所做的判决有既判力。抗辩不是诉讼，法院对抗辩所作的判决没有既判力。

（3）诉讼抵销（以反诉方式提起时，有既判力；以抗辩方式提起，没有既判力）。

[考点练习]

案情：原告起诉被告返还借款 20 万。被告在一审审理中主张原告欠被告借款 15 万已到期，要求抵销。法院经审理认为，原告所主张的借款 20 万，以及被告要求抵销的借款 15 万，均真实存在，并且已经到期。最终一审判决被告向原告返还借款 5 万元，双方均没有上诉。

问题：在一审判决生效后，对于被告在一审中主张过并且被判决过的 15 万元借款，被告能否另行起诉？

答案：以反诉方式提起时，由于有既判力，不得另行起诉。以抗辩方式提起时，没有既判力，可另行起诉。

3. 执行力。

需要有给付内容。

[考点练习]

案情：原告张某起诉被告王某要求解除婚姻关系一案，二审法院判决维持婚姻关系。

问题：这样的判决书是否具有执行力？

答案：由于该判决没有给付内容，不可以申请强制执行，故没有执行力。

五、法院审理离婚案件的特殊要求（《民法典》第 1079 条）

1. 人民法院审理离婚案件，应当进行调解。

2. 如果感情确已破裂，调解无效的，应当准予离婚。

3. 一方被宣告失踪，另一方提起离婚诉讼的，应当准予离婚。

4. 经人民法院判决不准离婚后，双方又分居满 1 年，一方再次提起离婚诉讼的，应当准予离婚。

第十章 简易程序

一、简易程序的适用范围

1. 适用的法院和审级。

（1）基层人民法院及其派出法庭。

（2）第一审。

2. 适用的案件范围。（《民事诉讼法》第 160 条）

（1）法定：基层人民法院和它派出的法庭审理事实清楚、权利义务关系明确、争议不大的简单的民事案件，适用简易程序。

（2）约定：当事人双方也可以约定适用简易程序。

3. 不得适用简易程序的案件：当事人约定适用简易程序的，人民法院不予准许。（《民诉法解释》第 257、264 条，《最高人民法院关于适用简易程序审理民事案件的若干规定》第 1 条）

（1）起诉时被告下落不明的；

（2）发回重审的；

（3）当事人一方人数众多的；

（4）适用审判监督程序的；

（5）涉及国家利益、社会公共利益的；

（6）第三人起诉请求改变或者撤销生效判决、裁定、调解书的；

（7）其他不宜适用简易程序的案件：包括法律规定应当适用特别程序、督促程序、公示催告程序和企业法人破产还债程序的非讼案件。

[考点练习]

案情：原告李某起诉被告王某要求返还古董花瓶一案，法院作出生效判决后，案外人钱某认为自己对古董花瓶有所有权，于是向法院提起了第三人撤销之诉。

问题：双方当事人同意后，法院能否适用简易程序审理本案？

答案：不能。第三人撤销之诉是法定不能适用简易程序的案件。即便当事人都同意，也不可以适用简易程序审理。

4.当事人就案件适用简易程序提出异议:(《民诉法解释》第269条)

（1）人民法院经审查，异议成立的，裁定转为普通程序。

（2）异议不成立的，裁定驳回。

（3）裁定以口头方式作出的，应当记入笔录。

二、简易程序的特点

1.传唤方式简便。(《民诉法解释》第261条)

（1）适用简易程序审理案件，人民法院可以采取捎口信、电话、短信、传真、电子邮件等简便方式传唤双方当事人、通知证人和送达诉讼文书。

（2）以简便方式送达的开庭通知，未经当事人确认或者没有其他证据证明当事人已经收到的，人民法院不得缺席判决。

2.无法通知被告应诉的:法院按照原告提供的被告的送达地址或者其他联系方式无法通知被告应诉的，分以下两种情况处理:(《最高人民法院关于适用简易程序审理民事案件的若干规定》第8条)

（1）原告提供了被告准确的送达地址，但人民法院无法向被告直接送达或者留置送达应诉通知书的，应当将案件转入普通程序审理。

（2）原告不能提供被告准确的送达地址，人民法院经查证后仍不能确定被告送达地址的，可以被告不明确为由裁定驳回原告起诉。

[考点练习]

案情:夏某因借款纠纷起诉陈某，法院决定适用简易程序审理。法院依夏某提供的被告地址送达时，发现有误，经多方了解和查证也无法确定准确地址。

问题:此时法院应当如何处理?

答案:法院应裁定驳回起诉。这种情况下，原告其实是胡乱提供了一个地址，从形式上看是具体的地址，但实质上这个地址不是被告的地址。

3.可以没有举证期限、答辩期间。(《民诉法解释》第266条)

（1）当事人双方均表示不需要举证期限、答辩期间的，人民法院可以立即开庭审理或者确定开庭日期。

（2）适用简易程序案件的举证期限:不得超过15日。

（3）被告要求书面答辩的，人民法院可在征得其同意的基础上，合理确定答辩期间。

4.简易程序中，六类案件法院在开庭审理时应当先行调解:(《最高人民法院关于适用简易程序审理民事案件的若干规定》第14条)

（1）婚姻家庭纠纷和继承纠纷;

（2）劳务合同纠纷;

（3）交通事故和工伤事故引起的权利义务关系较为明确的损害赔偿纠纷;

（4）宅基地和相邻关系纠纷;

（5）合伙合同纠纷;

（6）诉讼标的额较小的纠纷。

5. 开庭方式灵活。（《民诉法解释》第 259 条）

（1）当事人双方可就开庭方式向人民法院提出申请，由人民法院决定是否准许。

（2）经当事人双方同意，可以采用视听传输技术等方式开庭。

6. 庭审程序简便：应当一次开庭审结；确有必要再次开庭的除外。

7. 审限很短：3+1。

（1）人民法院适用简易程序审理案件，应当在立案之日起 3 个月内审结。（《民事诉讼法》第 164 条）

（2）适用简易程序审理的案件，审理期限到期后，有特殊情况需要延长的，经本院院长批准，可以延长审理期限。延长后的审理期限累计不得超过 4 个月。（《民诉法解释》第 258 条）

三、简易程序的裁判

1. 简化裁判文书。（《民诉法解释》第 270 条、《最高人民法院关于适用简易程序审理民事案件的若干规定》第 32 条）

人民法院在制作判决书、裁定书、调解书时，对认定事实或者裁判理由部分可以适当简化：

（1）当事人达成调解协议并需要制作民事调解书的；

（2）一方当事人在诉讼过程中明确表示承认对方全部诉讼请求或者部分诉讼请求的；

（3）当事人对案件事实没有争议或者争议不大的；

（4）涉及自然人的隐私、个人信息，或者商业秘密的案件，当事人一方要求简化裁判文书中的相关内容，人民法院认为理由正当的；

（5）当事人双方一致同意简化裁判文书的。

2. 简易程序的宣判。（《最高人民法院关于适用简易程序审理民事案件的若干规定》第 27 条）

（1）原则：应当当庭宣判。

（2）例外：不宜当庭宣判的，定期宣判。

第十一章　小额诉讼程序

扫描右侧二维码"听课 + 做题",直达最佳学习效果
1. 在线听课:学习本章节核心考点讲解课程。
2. 在线刷题:点击 🔲 进入题库做章节练习。

一、适用的条件

1. 小额诉讼程序适用的法院:

(1) 基层人民法院及其派出的法庭。

(2) 海事法院:海事法院可以适用小额诉讼的程序审理海事、海商案件。(《民诉法解释》第 273 条)

2. 适用小额诉讼程序审理的案件:简单金钱给付民事案件。(《民事诉讼法》第 165 条)

[考点练习]

案情:张某驾车上班途中与李某所驾驶的汽车发生剐蹭,双方的损失总计不超过 500 元,但双方对于责任认定有分歧。

问题:如果张某向法院起诉,法院能否适用小额程序审理本案?

答案:不能。双方对责任认定有分歧,这说明本案并非纯粹金钱给付案件。

---

(1) 必须适用:标的额为各省、自治区、直辖市上年度就业人员年平均工资 50% 以下的。

(2) 当事人双方可以约定适用:标的额超过各省、自治区、直辖市上年度就业人员年平均工资 50% 但在 2 倍以下的。

3. 不适用小额诉讼程序审理的案件:(《民事诉讼法》第 166 条)

(1) 人身关系、财产确权案件;

(2) 涉外案件;

(3) 需要评估、鉴定或者对诉前评估、鉴定结果有异议的案件;

(4) 一方当事人下落不明的案件;

(5) 当事人提出反诉的案件;

(6) 其他不宜适用小额诉讼的程序审理的案件。

4. 小额诉讼程序转为其他程序:(《民事诉讼法》第 169 条、《民诉法解释》第 279 条

(1) 法院在审理过程中发现:案件不宜适用小额诉讼的程序的,应当适用简易程序

的其他规定审理或者裁定转为普通程序。

（2）当事人异议＋法院裁定：

①当事人对按照小额诉讼案件审理有异议的，应当在开庭前提出。

②法院对当事人提出的异议应当审查：异议成立的，应当适用简易程序的其他规定审理或者裁定转为普通程序；异议不成立的，裁定驳回。裁定以口头方式作出的，应当记入笔录。

二、审理的特点

1. 实行一审终审。（《民诉法解释》第 271 条）

（1）当事人对小额诉讼案件提出管辖异议的，人民法院应当作出裁定。裁定一经作出即生效。（《民诉法解释》第 276 条）

（2）人民法院受理小额诉讼案件后，发现起诉不符合民事诉讼法规定的起诉条件的，裁定驳回起诉。裁定一经作出即生效。（《民诉法解释》第 277 条）

2. 人民法院可立即开庭审理：（《民诉法解释》第 275 条）

（1）当事人到庭后表示不需要举证期限和答辩期间的。

（2）举证期限一般不超过 7 日。

（3）答辩期间最长不得超过 15 日。

3. 可以一次开庭审结并且当庭宣判。（《民事诉讼法》第 167 条）

4. 小额诉讼案件的裁判文书可以不写认定事实和裁判理由：（《民诉法解释》第 280 条）

（1）对于当庭作出裁判的案件，人民法院在制作裁判文书时可以不再载明裁判理由。

（2）其他的案件，裁判文书记载简要裁判理由。（《民事诉讼程序繁简分流改革试点实施办法》第 9 条）

[考点练习]

C 市为民事诉讼繁简分流的改革试点城市。苏强对其子苏明提起诉讼，要求其支付赡养费 3 000 元。苏明答辩称其没有固定收入，支付不起赡养费。请问在这个诉讼程序中，以下哪几项说法是正确的？

A. 本案可一审终审

B. 经双方当事人同意，可不开庭审理

C. 经双方当事人同意，判决书可不载明判决理由

D. 经双方当事人同意，可在线视频审理

答案：AD

解析：小额诉讼程序一审终审，必须开庭。裁判书是否载明裁判理由，并不以当事人同意为条件。当庭裁判的案件，法院在制作裁判文书时可以不再载明裁判理由。其他的案件，裁判文书记载简要裁判理由。经双方同意，可以采取在线视频方式开庭审理案件。

5. 小额诉讼程序的审限：2+1。（《民事诉讼法》第 168 条）

（1）人民法院适用小额诉讼的程序审理案件，应当在立案之日起 2 个月内审结。

（2）有特殊情况需要延长的，经本院院长批准，可以延长 1 个月。

三、小额诉讼案件的上诉和再审

1. 不得上诉：实行一审终审。（《民事诉讼法》第 165 条）

2. 小额诉讼案件的再审：（《民诉法解释》第 424 条）

（1）管辖法院：向原审人民法院申请再审。

（2）对小额诉讼案件的判决、裁定，当事人以《民事诉讼法》第 211 条规定的事由（即通常的再审事由）向原审人民法院申请再审的，人民法院应当受理。

①申请再审事由成立的，应当裁定再审，组成合议庭进行审理。

②作出的再审判决、裁定，当事人不得上诉。

（3）当事人以不应按小额诉讼案件审理为由向原审人民法院申请再审的，人民法院应当受理。

①理由成立的，应当裁定再审，组成合议庭审理。

②作出的再审判决、裁定，当事人可以上诉。

第十二章　公益诉讼

一、通常规定

1. 案件类型：污染环境、侵害众多消费者合法权益等损害社会公共利益的行为。(《民事诉讼法》第 58 条）

2. 提起公益诉讼的主体：3+1。

（1）社会组织作为环境公益诉讼的原告，必须同时满足三个条件：(《环境保护法》第 58 条）

①（行政级别为）设区的市级以上人民政府民政部门登记的社会团体、基金会以及社会服务机构。(《最高人民法院关于审理环境民事公益诉讼案件适用法律若干问题的解释》第 2 条）

②专门从事环境保护公益活动连续 5 年以上。

③无违法记录。

（2）消费者公益诉讼的原告：省级以上消费者协会。(《消费者权益保护法》第 47 条）

（3）英雄烈士的近亲属作原告。(《英雄烈士保护法》第 25 条）

（4）检察院作为起诉人：在没有原告提起民事公益诉讼的情况下。

3. 公益诉讼的提起并不以存在实际损害为前提条件。

4. 公益诉讼案件由侵权行为地或者被告住所地中级人民法院管辖。

5. 共同原告：人民法院受理公益诉讼案件后，依法可以提起诉讼的其他机关和有关组织，可以在开庭前向人民法院申请参加诉讼。人民法院准许参加诉讼的，列为共同原告。(《民诉法解释》第 285 条）

6. 可另行提起私益诉讼：人民法院受理公益诉讼案件，不影响同一侵权行为的受害人根据《民事诉讼法》第 122 条规定提起诉讼。(《民诉法解释》第 286 条）

7. 和解与调解：(《民诉法解释》第 287 条）

（1）允许：对公益诉讼案件，当事人可以和解，人民法院可以调解。

（2）公告：当事人达成和解或者调解协议后，人民法院应当将和解或者调解协议进行公告。公告期间不得少于 30 日。

（3）审查：公告期满后，人民法院经审查，和解或者调解协议不违反社会公共利益的，应当出具调解书；和解或者调解协议违反社会公共利益的，不予出具调解书，继续对案件进行审理并依法作出裁判。

8. 撤诉：

（1）通常准许撤诉。

（2）两种情况不准：

①公益诉讼案件的原告在法庭辩论终结后申请撤诉的，人民法院不予准许。（《民诉法解释》第288条）

②环境民事公益诉讼当事人以达成和解协议为由申请撤诉的，不予准许。（《最高人民法院关于审理环境民事公益诉讼案件适用法律若干问题的解释》第25条第2款）

9. 禁止反诉。（《最高人民法院关于审理消费民事公益诉讼案件适用法律若干问题的解释》第11条、《最高人民法院关于审理环境民事公益诉讼案件适用法律若干问题的解释》第17条）

10. 环境公益诉讼的特别规定。

（1）法院向原告释明：人民法院认为原告提出的诉讼请求不足以保护社会公共利益的，可以向其释明变更或者增加停止侵害、修复生态环境等诉讼请求。（《最高人民法院关于审理环境民事公益诉讼案件适用法律若干问题的解释》第9条）

（2）法院告知环保部门：人民法院受理环境民事公益诉讼后，应当在10日内告知对被告行为负有环境资源保护监督管理职责的部门。（《最高人民法院关于审理环境民事公益诉讼案件适用法律若干问题的解释》第12条）

（3）原告诉讼请求全部实现：负有环境资源保护监督管理职责的部门依法履行监管职责而使原告诉讼请求全部实现，原告申请撤诉的，人民法院应予准许。（《最高人民法院关于审理环境民事公益诉讼案件适用法律若干问题的解释》第26条）

二、对检察院的特别规定

1. 起诉人：人民检察院以公益诉讼起诉人身份提起公益诉讼。（《最高人民法院、最高人民检察院关于检察公益诉讼案件适用法律若干问题的解释》第4条）

2. 适用人民陪审制：人民法院审理人民检察院提起的第一审公益诉讼案件。（《最高人民法院、最高人民检察院关于检察公益诉讼案件适用法律若干问题的解释》第7条）

3. 检察院可以提起民事公益诉讼的案件：（《最高人民法院、最高人民检察院关于检察公益诉讼案件适用法律若干问题的解释》第13条）

（1）破坏生态环境和资源保护；

（2）食品药品安全领域侵害众多消费者合法权益；

（3）侵害英雄烈士的姓名、肖像、名誉、荣誉（英雄烈士的近亲属不作原告时）。（《英雄烈士保护法》第25条）

[解题技巧] 检察院只能在特定的案件中提起民事公益诉讼。

[考点练习]

案情：某品牌手机生产商在手机出厂前预装众多程序，大幅侵占标明内存。

问题：某省检察院能否以侵害消费者知情权为由提起公益诉讼？

> 答案：不能。检察院能够提起公益诉讼的案件，限于破坏生态环境和资源保护、食品药品安全领域侵害众多消费者合法权益等损害社会公共利益的案件。

4. 检察院提起民事公益诉讼的前置程序：(《最高人民法院、最高人民检察院关于检察公益诉讼案件适用法律若干问题的解释》第 13 条)

（1）应当公告 30 日：公告期满，法律规定的机关和有关组织、英雄烈士的近亲属不提起诉讼的，人民检察院可以向人民法院提起诉讼。

（2）也可以直接征询英雄烈士的近亲属的意见：人民检察院办理侵害英雄烈士的姓名、肖像、名誉、荣誉的民事公益诉讼案件。

检察院提起民事公益诉讼的前置程序	
破坏生态环境和资源保护	公告 30 日
食品药品安全领域侵害众多消费者合法权益	
侵害英雄烈士的姓名、肖像、名誉、荣誉	公告 30 日或直接征询近亲属的意见

第十三章 二审程序

一、上诉

1.可以上诉的案件。

（1）判决：

原则上都能上诉；

但特别程序和公示催告程序所作判决不能上诉。

（2）裁定：

①原则上不能上诉；

②但不予受理、驳回起诉、管辖权异议、驳回破产申请（《企业破产法》第12条）的裁定可以上诉。

（3）调解书不能上诉。

2.上诉人与被上诉人的范围。

（1）一审原告和被告可以上诉。

（2）有独立请求权第三人可以作为上诉人和被上诉人。

（3）无独立请求权第三人：

①只有被判决承担责任时才有权上诉；

②可以作为被上诉人。

（4）委托代理人上诉时必须获得特别授权。

[考点练习]

案情：2016年12月20日，8岁的小明坐公交公司的汽车，因为行人陈某故意横穿马路，司机紧急刹车，致使小明受伤。2016年12月24日，小明的父亲作为法定代理人起诉公交公司，法院将陈某列为本案的无独立请求权的第三人。最终法院判决公交公司赔偿小明医疗费及精神损失费3万元，但各方当事人对判决的结果都不满意，均表示要上诉。

问题1：小明本人的上诉行为是否有效？

答案：无效。小明本人是无诉讼行为能力人，不可以亲自上诉，应当由法定代理人代为上诉。

问题2：如果小明的父亲要上诉，是否需要获得小明的特别授权？

答案：不需要获得授权。小明的父亲作为法定代理人，有权上诉。

问题3：如果小明的父亲聘请陈律师作为委托代理人，陈律师的上诉是否需要特别授权？

答案：需要特别授权。陈律师是委托代理人。

问题4：陈某能否作为本案的上诉人或者被上诉人？

答案：陈某作为本案的无独立请求权的第三人，一审判决没有让他承担民事责任，无权上诉，不能作上诉人。但是可以作为被上诉人。

3.上诉人与被上诉人的列明。

（1）通常的案件：

①提起上诉的人是上诉人，没有提起上诉的人是被上诉人。

②双方当事人和第三人都提起上诉的，均列为上诉人。（《民诉法解释》第315条）

（2）必要共同诉讼案件以及有第三人的案件：上诉的是上诉人，针对的是被上诉人，不涉及的依原审诉讼地位列明。（《民诉法解释》第317条）

[解题技巧] 上诉人与被上诉人的列明方法：

（1）上诉的人为上诉人。

（2）找到上诉人的上诉请求以及一审判决的结果。

（3）与一审判决的结果相比：①一旦上诉人的上诉请求成立，没有上诉的人权利会减少或者义务会增加，他就是被上诉人。②不会出现这种情况，甚至会增加权利或者减少义务，按原审诉讼地位列明。

[考点练习]

案情：甲对乙享有10万元到期债权，乙无力清偿，且怠于行使对丙的15万元债权，甲遂对丙提起代位权诉讼，法院依法追加乙为无独立请求权的第三人。一审判决甲胜诉，丙应向甲给付10万元。乙、丙均提起上诉，乙请求法院判令丙向其支付剩余5万元债务，丙请求法院判令甲对乙的债权不成立。

问题1：甲在本案二审中是什么人？

答案：甲是被上诉人。甲没有上诉，不是上诉人。但是丙的上诉请求一旦成立，对甲来说，甲的债权将被否定，这就会损害甲的权利。因此甲是被上诉人。

问题2：乙在本案二审中是什么人？

答案：乙是原审无独立请求权第三人。①乙不是上诉人。乙作为无独立请求权第三人，一审并没有判决他承担民事责任，无权提起上诉。②乙也不是被上诉人。丙的上诉，对乙只有好处，没有坏处，因为一旦法院认定甲对乙的债权不成立，乙就不必再还钱给甲。

问题3：丙在本案二审中是什么人？

答案：丙已经提起了上诉，丙为上诉人。由于乙无权提起上诉，也就不可能对丙提出要求，丙就不是被上诉人。

4. 上诉期限：

（1）判决：15 日；

（2）裁定：10 日。

5. 程序要求：

必须提交上诉状。当事人口头表示上诉，但未在法定上诉期间内递交上诉状的，视为未提起上诉。（《民诉法解释》第 318 条）

（1）上诉状应当通过原审人民法院提出，并按照对方当事人或者代表人的人数提出副本。

（2）当事人直接向第二审人民法院上诉的，第二审人民法院应当在 5 日内将上诉状移交原审人民法院。（《民事诉讼法》第 173 条）

6. 第二审人民法院判决宣告前，上诉人申请撤回上诉的：一审判决生效。

（1）文书：是否准许，由第二审人民法院裁定。（《民事诉讼法》第 180 条）

（2）通常情况下，法院会准许当事人撤回上诉。只有以下两种情况不准许：一审判决确有错误，或者当事人之间恶意串通损害国家利益、社会公共利益、他人合法权益的。（《民诉法解释》第 335 条）

（3）准许当事人撤回上诉的效果：一审判决生效。

7. 在第二审程序中，原审原告申请撤回起诉：一审判决被撤销。（《民诉法解释》第 336 条）

（1）条件：经其他当事人同意，且不损害国家利益、社会公共利益、他人合法权益的，人民法院可以准许。

（2）处理：

①准许撤诉的：应当一并裁定撤销一审裁判。

②原审原告在第二审程序中撤回起诉后重复起诉的：法院不予受理。

[解题技巧] 撤回上诉与撤回起诉的区别

	受影响的程序	对一审判决的影响
撤回上诉	仅二审程序（一审程序不受影响）	一审判决会生效
撤回起诉	①一审程序＋②二审程序	一审判决会撤销

[考点练习]

案情：王某诉赵某借款纠纷一案，法院一审判决赵某偿还王某债务，赵某不服，提出上诉。二审期间，案外人李某表示，愿以自己的轿车为赵某偿还债务提供担保。三人就此达成书面和解协议后，赵某撤回上诉，法院准许。1 个月后，赵某反悔并不履行和解协议。

问题：王某如何维护自己的合法权益？

答案：只能申请执行一审判决。诉讼中和仲裁中的和解协议，没有法律约束力，也没有执行力。因此不可以强制执行和解协议。但是，赵某撤回上诉的行为，会使一审判决生效，王某将来可以依一审判决对赵某向法院申请强制执行。

二、二审的审理

1. 二审审理方式：(《民事诉讼法》第 176 条、《民诉法解释》第 331 条）

（1）原则上，开庭审理。

（2）例外：不开庭审理。需要询问当事人。

①不服不予受理、管辖权异议和驳回起诉裁定的；

②当事人提出的上诉请求明显不能成立的；

③原判决、裁定认定事实清楚，但适用法律错误的；

④原判决严重违反法定程序，需要发回重审的。

2. 二审审理范围：(《民诉法解释》第 321 条）

（1）仅对上诉请求的有关事实和适用法律进行审理。当事人没有提出请求的，不予审理。

（2）例外：一审判决违反法律禁止性规定，或者损害国家利益、社会公共利益、他人合法权益的除外。

3. 二审法院审理上诉案件的地点：可以在本院进行，也可以到案件发生地或者原审人民法院所在地进行。(《民事诉讼法》第 176 条）

三、二审的调解与和解

1. 二审中的调解。

处理方式	具体情形	法条依据
调解不成的，应当及时判决	人民法院在审理二审案件时，可以进行调解，调解达成协议的，应当制作调解书。调解书送达后，原审人民法院的判决即视为撤销。调解不成的，应当及时判决	《民事诉讼法》第 179 条
调解不成的，发回重审	(1) 对当事人在第一审程序中已经提出的诉讼请求，原审人民法院未作审理、判决的，第二审人民法院可以根据当事人自愿的原则：①进行调解；②调解不成的，发回重审	《民诉法解释》第 324 条
	(2) 必须参加诉讼的当事人或者有独立请求权的第三人，在第一审程序中未参加诉讼，第二审人民法院可以根据当事人自愿的原则：①予以调解；②调解不成的，发回重审；③在发回重审的民事裁定书上，不应列被追加或更换的当事人	《民诉法解释》第 325 条
	（3）一审判决不准离婚的案件，上诉后，第二审人民法院认为应当判决离婚的：①双方当事人同意由第二审人民法院一并审理的，第二审人民法院可以一并裁判②可以根据当事人自愿的原则，与子女抚养、财产问题一并调解③调解不成的，发回重审	《民诉法解释》第 327 条

（续）

调解不成的，**告知另行起诉**	在第二审程序中，**原审原告增加独立的诉讼请求或者原审被告提出反诉**的： ①双方当事人**同意**由第二审人民法院一并审理的，第二审人民法院可以**一并裁判** ②第二审人民法院可以根据当事人**自愿**的原则就新增加的诉讼请求或者反诉进行**调解** ③**调解不成的，告知当事人另行起诉**	《民诉法解释》第326条

[**解题技巧**] 二审中的调解，需要区分四种情况：

（1）遗漏诉讼请求和遗漏当事人的：

①调解不成，只能发回重审；

②即便双方当事人同意，也不能一并裁判。

（2）一审判决不准离婚的：

①经双方同意，可一并调解；

②经双方同意，可一并审理裁判；

③不同意调与判的，发回重审。

（3）二审中原审原告增加独立诉讼请求，原审被告提出反诉的：

①经双方同意，可一并调解；

②经双方同意，可一并审理裁判；

③不同意调与判的，告知另行起诉。

（4）除了上述三种情况以外的案件：调解不成的，应当及时判决。

[**考点练习**]

案情：二审法院审理继承纠纷上诉案时，发现一审判决遗漏另一继承人甲。甲应是本案的共同原告。

问题：此时二审法院应当如何处理？简要说明理由。

答案：二审法院可根据自愿原则进行调解，调解不成的，裁定撤销原判决，发回重审。但是即便各方当事人同意，二审法院也不能判决。

2. 当事人在二审中达成和解协议的后续处理。（《民诉法解释》第337条）

情形	救济
（1）请求法院制作**二审调解书**结案	对方反悔时，可以**执行**调解书
（2）申请**撤回起诉**	①本案以后不得重复起诉。②和解协议没有执行力，对方反悔时，**没有任何救济途径**
（3）申请**撤回上诉**	①本案以后不得重复起诉。②但一审判决有执行力，对方反悔时，可请求**执行一审判决**

[解题技巧] 二审中当事人达成和解协议后,有三种选择,法律效果完全不同,根据当事人的选择来做题。

[考点练习]

案情:经审理,一审法院判决被告王某支付原告刘某欠款本息共计22万元,王某不服提起上诉。二审中,双方当事人达成和解协议,约定:王某在3个月内向刘某分期偿付20万元,刘某放弃利息请求。案件经王某申请撤回上诉而终结。约定的期限届满后,王某只支付了15万元。

提示:被告向法院申请撤回了上诉,其效果是一审判决生效。

问题1:此时刘某可否向法院申请执行和解协议?简要说明理由。

答案:刘某不可以向法院申请执行和解协议,因为二审中,双方当事人达成的和解协议没有强制执行力。

问题2:此时刘某可否向法院申请执行一审判决?简要说明理由。

答案:刘某可以向一审法院申请执行一审判决。王某撤回上诉的行为会导致一审判决生效,该一审判决是有明确的给付内容的,因此在该一审判决生效之后,刘某可以申请执行。

四、二审的判决与裁定

1. 对判决的裁判。

	处理方式	适用情形(《民事诉讼法》第177条)
对判决的裁判	(1) 判决驳回上诉,维持原判决	原判决认定事实清楚,适用法律正确
	(2) 依法改判	①原判决认定事实错误
		②原判决适用法律错误
		③原判决认定基本事实不清
	(3) 裁定撤销原判决,发回原审人民法院重审	①原判决认定基本事实不清
		②严重违反法定程序:(《民诉法解释》第323条) 原判决遗漏当事人或者违法缺席判决的; 审判组织的组成不合法的; 应当回避的审判人员未回避的; 无诉讼行为能力人未经法定代理人代为诉讼的; 违法剥夺当事人辩论权利的

2. 对裁定的裁定：对一审裁定进行处理时，二审一律用裁定书。（《民诉法解释》第332条）

	错误原因	处理方式	对应法条
受理错误	（1）该案依法**不应由人民法院受理**	**可以**由第二审人民法院直接裁定撤销原裁判，**驳回起诉**	《民诉法解释》第328条
	（2）第一审人民法院受理案件**违反专属管辖规定**	**应当**裁定撤销原裁判并**移送有管辖权的人民法院**	《民诉法解释》第329条
没有受理	（3）第一审人民法院作出的不予受理裁定有错误	**应当**在撤销原裁定的同时，指令第一审人民法院立案受理	《民诉法解释》第330条
	（4）第一审人民法院作出的驳回起诉裁定有错误	**应当**在撤销原裁定的同时，指令第一审人民法院审理	

[考点练习]

郑某起诉林某，审理过程中林某提起反诉，后郑某撤回起诉，法院以原告撤回起诉为由裁定驳回了林某的反诉。林某对该裁定不服，提起上诉，二审法院应当如何处理？（2019年考生回忆版真题/单选题）

A. 组织当事人调解，调解不成，告知另行起诉

B. 裁定驳回上诉，维持原裁定

C. 二审法院撤销驳回反诉的裁定，同时发回重审

D. 二审法院撤销原裁定，同时指令原审法院审理

答案：D

解析：驳回反诉的裁定，实质上是驳回起诉的裁定。对于裁定的上诉用裁定处理，不得调解。由于驳回起诉的裁定是错误的，在撤销原裁定的同时，指令原审法院进行审理。

五、二审发回重审

1. **只能发回一次**：原审人民法院对发回重审的案件作出判决后，当事人提起上诉的，第二审人民法院不得再次发回重审。

2. 二审裁定撤销一审判决发回重审的案件，当事人申请变更、增加诉讼请求或者提出反诉，第三人提出与本案有关的诉讼请求的，可以合并审理。（《民诉法解释》第251条）

第十四章 再审程序

[原理解释] 再审的特点:

（1）目的方面,再审与一审或者二审不同:一、二审的目的是解决民事纠纷,再审的目的是纠正已经生效的（一审或者二审）判决的错误。

（2）结构方面,再审分为两个阶段:

①启动阶段:主要目的是确定已生效裁判是否有错;

②审理阶段:对于已经审完的有错误的案件,重新给出正确的审理结果。

（3）启动方面,再审启动的决定权在法院,但启动的方式有三种:

①当事人申请;

②法院主动再审;

③检察院启动再审。

第一节 再审的启动程序

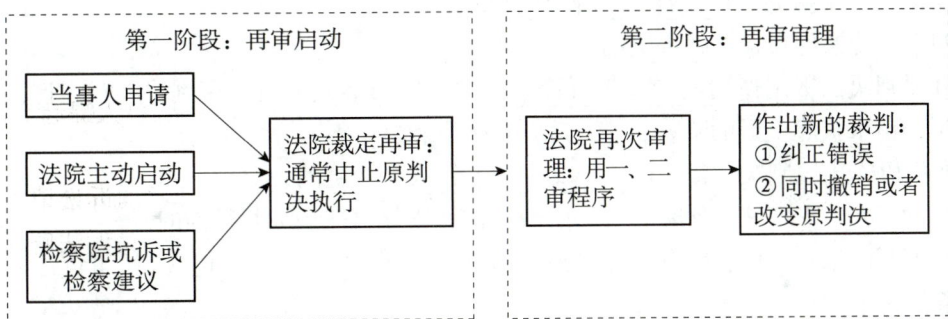

第一阶段:再审启动

当事人申请 →
法院主动启动 → 法院裁定再审:通常中止原判决执行 →
检察院抗诉或检察建议 →

第二阶段:再审审理

法院再次审理:用一、二审程序 → 作出新的裁判:①纠正错误 ②同时撤销或者改变原判决

一、可以再审的裁判文书

1. 判决书:特别程序及公示催告程序作出的判决（即除权判决）不适用于再审程序。

2. 裁定书:仅限于不予受理的裁定、驳回起诉的裁定和按自动撤回上诉处理的裁定。（《民诉法解释》第 379 条）

3. 调解书：可以再审。(《民事诉讼法》第 209 条)

二、人民法院启动的再审(《民事诉讼法》第 209 条)

三、当事人申请再审

1. 不得申请再审的内容。

（1）当事人对已经发生法律效力的解除婚姻关系的判决、调解书，不得申请再审。(《民事诉讼法》第 213 条)

（2）当事人就离婚案件中的财产分割问题申请再审：①如涉及判决中已分割的财产，人民法院应当进行审查，符合再审条件的，应当裁定再审；②如涉及判决中未作处理的夫妻共同财产，应当告知当事人另行起诉。(《民诉法解释》第 380 条)

（3）适用特别程序、督促程序、公示催告程序、破产程序等非讼程序审理的案件，当事人不得申请再审。(《民诉法解释》第 378 条)

2. 申请再审的事由。

（1）判决、裁定：(《民事诉讼法》第 211 条)

①有新的证据，足以推翻原判决、裁定的；

②原判决、裁定认定的基本事实缺乏证据证明的；

③原判决、裁定认定事实的主要证据是伪造的；

④原判决、裁定认定事实的主要证据未经质证的；

⑤对审理案件需要的主要证据，当事人因客观原因不能自行收集，书面申请人民法院调查收集，人民法院未调查收集的；

⑥原判决、裁定适用法律确有错误的；

⑦审判组织的组成不合法或者依法应当回避的审判人员没有回避的；

⑧无诉讼行为能力人未经法定代理人代为诉讼或者应当参加诉讼的当事人，因不能归责于本人或者其诉讼代理人的事由，未参加诉讼的；

⑨违反法律规定，剥夺当事人辩论权利的；

⑩未经传票传唤，缺席判决的；

⑪原判决、裁定遗漏或者超出诉讼请求的，但当事人未对一审判决、裁定遗漏或者超出诉讼请求提起上诉的除外；(《民诉法解释》第 390 条)

⑫据以作出原判决、裁定的法律文书被撤销或者变更的；

⑬审判人员审理该案件时有贪污受贿，徇私舞弊，枉法裁判行为的。

（2）调解书：调解违反自愿原则或者调解协议的内容违反法律。(《民事诉讼法》第 212 条)

[考点练习]

案情：李某与王某签订借款合同，约定张某承担保证责任。借款到期后，李某以王某为被告、张某为第三人诉至法院。一审法院认为张某是连带保证人，判决王某与张某承担连带责任，张某不服提起上诉，二审法院认为张某是一般保证人，改判王某承担责任。后张某以自己订约时意思表示错误为由申请再审，请求确认保证合同无效。

问题：法院对张某的再审申请，应当如何处理？（根据2020年考生回忆版真题改编）

答案：张某以自己订约时意思表示错误为由申请再审，不是申请再审的法定事由，法院将不受理再审申请。

3. 时间：6个月内。（《民事诉讼法》第216条）

4. 申请再审的法院。（《民事诉讼法》第210条）

（1）通常：只能向上一级人民法院申请再审。

（2）当事人一方人数众多（指10人以上）或者当事人双方为公民的案件：

①上一级人民法院和原审人民法院都行。（《民诉法解释》第75条）

②当事人分别向原审人民法院和上一级人民法院申请再审且不能协商一致的，由原审人民法院受理。（《民诉法解释》第377条）

5. 当事人申请再审的材料：再审申请书。

6. 法院对再审申请的审查。（《民事诉讼法》第215条）

（1）3个月内审查。

（2）裁定再审；裁定驳回申请。

7. 再审案件的审理法院。（《民事诉讼法》第215条）

（1）通常：向谁申请，谁就审。

（2）例外：最高人民法院、高级人民法院裁定再审的案件，由本院再审或者交下一级人民法院再审（可以交原审人民法院再审，也可以交其他下一级人民法院再审）。

[考点练习]

案情：原告王某起诉被告陈某人身侵权损害赔偿案件，经青岛市市南区法院一审、青岛市中院二审，判决生效。

问题1：如果被告陈某要申请再审，可以向哪些法院申请？

答案：由于本案的两方当事人都是公民，因此被告陈某要申请再审，既可以向原审法院青岛市中院申请，也可以向山东省高院申请。

问题2：在被告陈某申请再审之后，如果法院决定再审本案，由哪个法院审理？

答案：如果被告陈某向原审法院青岛市中院申请，只能由青岛市中院审理。如果被告陈某向山东省高院申请，可以由山东省高院审理，也可以由青岛市中院审理，还可以由山东省的其他中院审理。

四、人民检察院启动的再审

1. 启动方式。（《民事诉讼法》第219条）

（1）抗诉方式：应当制作抗诉书。（《民事诉讼法》第223条）

①最高法院：最高检察院可直接抗诉。

②地方法院：同级检察院不能直接抗诉（提请上级人民检察院向同级人民法院提出抗诉）。

（2）检察建议：向同级人民法院提出检察建议，并报上级人民检察院备案（最高检察院不得向最高法院提）。

2. 当事人申请检察建议或者抗诉。（《民事诉讼法》第220条）

（1）情形：

①人民法院驳回再审申请的；

②人民法院逾期未对再审申请作出裁定的；

③再审判决、裁定有明显错误的。

（2）处理：在3个月内进行审查，作出提出或者不予提出检察建议或者抗诉的决定。

（3）只能申请1次。

（4）总结：当事人申请再审，最多2次。（先法院，后检察院）

3. 检察院调查权。（《民事诉讼法》第221条）

（1）原因：检察院因履行法律监督职责提出检察建议或者抗诉的需要。

（2）内容：可以向当事人或者案外人调查核实有关情况。

4. 抗诉的效果。（《民事诉讼法》第222条）

接受抗诉的人民法院应当自收到抗诉书之日起30日内作出再审的裁定。

5. 检察机关不是再审案件的当事人。

民事再审案件的当事人应为原审案件的当事人。原审案件当事人死亡或者终止的，其权利义务承受人可以申请再审并参加再审诉讼。（《最高人民法院关于适用〈中华人民共和国民事诉讼法〉审判监督程序若干问题的解释》第29条）

第二节 再审的审理程序

一、再审的审理

1. 裁定中止原判决、裁定、调解书的执行。（《民事诉讼法》第217条）

（1）当事人申请再审时，不会停止原判决、裁定的执行，法院决定再审后，通过裁定才中止原判决、裁定的执行。应当在再审裁定中同时写明中止原判决、裁定、调解书的执行。（《民诉法解释》第394条）

（2）追索赡养费、扶养费、抚养费、抚恤金、医疗费用、劳动报酬等案件，可以不中止执行。

2. 再审所适用的程序。

具体情形	适用程序	所作判决、裁定可否上诉
生效裁判是一审法院作的	一审程序	可以上诉
生效裁判是二审法院作的	二审程序	不得上诉
上级法院提审的		

[考点练习]

案情：甲公司诉乙公司合同纠纷案，南山市S县法院进行了审理并作出驳回甲公司诉讼请求的判决，甲公司未提出上诉。判决生效后，甲公司因收集到新的证据申请再审。

问题：如果法院根据甲公司的申请决定再审本案，应当适用第一审还是第二审程序进行再审？

答案：应适用二审程序进行再审。甲公司只能向南山市中院申请再审。由于是上级法院（南山市中院）审理下一级法院（S县法院）的生效判决，属于提审，南山市中院应适用二审程序审理。

3. 再审的审理范围。（《民诉法解释》第403条）

（1）再审案件应当围绕申请人的再审请求进行审理和裁判。

（2）当事人的再审请求超出原审诉讼请求的（包括原审原告提出新的诉讼请求，或者原审被告提出反诉）：

①原则上不予审理（包括不予调解）；

②构成另案诉讼的，应告知当事人可以提起新的诉讼。（《民诉法解释》第252条）

4. 裁定终结再审程序。（《民诉法解释》第404条）

（1）再审申请人死亡或者终止，无权利义务承继者或者权利义务承继者声明放弃再审申请的；

（2）在给付之诉中，负有给付义务的被申请人死亡或者终止，无可供执行的财产，也没有应当承担义务的人的；

（3）当事人达成和解协议且已履行完毕的。

二、再审的调解

当事人在再审审理中经调解达成协议的，人民法院应当制作调解书。调解书经各方当事人签收后，即具有法律效力，原判决、裁定视为被撤销。（《最高人民法院关于适用〈中华人民共和国民事诉讼法〉审判监督程序若干问题的解释》第25条）

第十五章 特别程序

一、特别程序的特点

1. 特别程序的审判组织:只能由审判员组成。

(1) 原则上:一名审判员独任审理;

(2) 例外:三名审判员合议审理:①选民资格案件;②重大、疑难的案件。

2. 特别程序案件的管辖:6基层＋1例外。

案件	管辖法院
①选民资格案件	选区所在地基层人民法院
②宣告失踪、宣告死亡案件	下落不明人住所地基层人民法院
③指定遗产管理人案件	被继承人死亡时住所地或者主要遗产所在地基层人民法院
④认定公民无民事行为能力或者限制民事行为能力案件	被认定人住所地基层人民法院
⑤认定财产无主案件	财产所在地基层人民法院
⑥实现担保物权案件	担保财产所在地或者担保物权登记地基层人民法院
⑦确认调解协议案件	人民法院邀请调解组织开展先行调解的,向作出邀请的人民法院提出; 调解组织自行开展调解的,向当事人住所地、标的物所在地、调解组织所在地的基层人民法院提出;调解协议所涉纠纷应当由中级人民法院管辖的,向相应的中级人民法院提出

3. 特别程序实行一审终审:不能上诉。

4. 特别程序不再审。但特别程序所作裁判有错误,可以提异议。(《民诉法解释》第372条)

二、选民资格案件

1. 起诉人不一定是选民本人。

2. 应当开庭审理:起诉人、选举委员会的代表和有关公民必须参加。

三、宣告失踪、宣告死亡案件

失踪人的财产代管人的变更：(《民诉法解释》第 342 条)

1. 利害关系人向法院请求变更：利害关系人为原告，原指定的代管人为被告，按普通程序进行。

2. 代管人自己向法院请求变更：按照特别程序进行审理。

四、指定遗产管理人案件

(一)申请指定遗产管理人

1. 申请条件(《民事诉讼法》第 194 条)

(1)原因：对遗产管理人的确定有争议。

(2)依申请：利害关系人申请。

(3)书面申请：写明被继承人死亡的时间、申请事由和具体请求，并附有被继承人死亡的相关证据。

(4)管辖法院：被继承人死亡时住所地或者主要遗产所在地基层人民法院。

2. 判决指定遗产管理人：审查核实 + 按照有利于遗产管理的原则。(《民事诉讼法》第 195 条)

(二)申请变更遗产管理人

1. 无法履职(《民事诉讼法》第 196 条)

(1)原因：被指定的遗产管理人死亡、终止、丧失民事行为能力或者存在其他无法继续履行遗产管理职责情形的。

(2)依申请：可以根据利害关系人或者本人的申请。

(3)另行指定遗产管理人。

2. 违法履职(《民事诉讼法》第 197 条)

(1)原因：遗产管理人违反遗产管理职责，严重侵害继承人、受遗赠人或者债权人合法权益的。

(2)依申请：根据利害关系人的申请。

(3)撤销其遗产管理人资格，并依法指定新的遗产管理人。

五、认定公民无民事行为能力或者限制民事行为能力案件

1. 其他诉讼中当事人的民事行为能力的认定：由受诉人民法院按照特别程序立案审理，原诉讼中止。(《民诉法解释》第 347 条)

2. 指定监护人。(《民诉法解释》第 349 条、《民法典》第 31 条)

(1)两种情形：

被指定的监护人不服居民委员会、村民委员会或者民政部门指定，应当自接到通知之日起 30 日内向人民法院提出异议。

有关当事人直接向人民法院申请指定监护人。

（2）管辖法院：不服指定监护或者变更监护关系的案件，可以由被监护人住所地人民法院管辖。（《民诉法解释》第 10 条）

（3）适用特别程序。

（4）用判决书指定监护人。

六、确认调解协议案件（《民事诉讼法》第 205、206 条）

（一）人民调解协议：具有合同效力

1. 人民调解的启动：当事人申请；人民调解委员会也可以主动调解。（《人民调解法》第 17 条）

2. 人民调解协议的效力：具有民事合同性质。

（二）司法确认程序：赋予其执行力

1. 启动：

（1）需要双方当事人（应当由本人或者符合规定的代理人）提出申请，才能启动特别程序。（《民诉法解释》第 351 条）

（2）单方只能提起不履行人民调解协议的诉讼。（《民诉法解释》第 61 条）

2. 管辖：

由双方当事人共同向下列人民法院提出：（《民事诉讼法》第 205 条）

（1）人民法院邀请调解组织开展先行调解的，向作出邀请的人民法院提出。

（2）调解组织自行开展调解的，向当事人住所地、标的物所在地、调解组织所在地的基层人民法院提出；调解协议所涉纠纷应当由中级人民法院管辖的，向相应的中级人民法院提出。

（3）调解组织自行开展的调解，有两个以上调解组织参与的，各调解组织所在地人民法院均有管辖权。（《民诉法解释》第 352 条）

（4）双方当事人可以共同向其中一个有管辖权的人民法院提出申请；双方当事人共同向两个以上有管辖权的人民法院提出申请的，由最先立案的人民法院管辖。

3. 申请的方式：书面形式或者口头形式，均可以。（《民诉法解释》第 353 条）

4. 时间：自调解协议生效之日起 30 日内。

5. 当事人申请司法确认调解协议，人民法院裁定不予受理或者驳回申请的情形：（《民诉法解释》第 355 条）

（1）申请确认婚姻关系、亲子关系、收养关系等身份关系无效、有效或者解除的；

（2）涉及适用其他特别程序、公示催告程序、破产程序审理的；

（3）调解协议内容涉及物权、知识产权确权的。

> **［考点练习］**
>
> **案情：**李云将房屋出售给王亮，后因合同履行发生争议，经双方住所地人民调解委员会调解，双方达成调解协议，明确王亮付清房款后，房屋的所有权归属王亮。为确保调解协议的效力，双方约定向法院提出司法确认申请。

问题：法院是否会受理双方的确认申请？

答案：房屋的所有权归属王亮的约定涉及物权的权利归属，法院对此不得予以确认。由于这是法院受理之前发现的，法院将不予受理确认申请。

七、实现担保物权案件（《民事诉讼法》第 207、208 条）

1. 申请人：担保物权人以及其他有权请求实现担保物权的人。

2. 管辖：担保财产所在地或者担保物权登记地基层人民法院。

3. 独任与合议：（《民诉法解释》第 367 条）

（1）实现担保物权案件可以由审判员一人独任审查。

（2）担保财产标的额超过基层人民法院管辖范围的，应当组成合议庭进行审查。

4. 处理：

（1）符合法律规定：

①裁定拍卖、变卖担保财产。

②可以向人民法院申请执行该裁定。

（2）不符合法律规定：

①裁定驳回申请。

②当事人可以向人民法院提起诉讼。

[考点练习]

案情：甲公司与东升银行之间订立了 500 万元的贷款合同，甲公司董事长张某以自己位于三河市的别墅作为抵押。贷款到期后甲公司无力归还贷款，东升银行向法院申请适用特别程序实现对别墅的抵押权。甲公司否认该抵押权的有效性。法院经过审查后，驳回了东升银行的申请。

问题：东升银行可以如何实现债权？

答案：东升银行可以就该抵押权向法院起诉。

第十六章　非讼程序

第一节　督促程序

1. 适用条件。(《民诉法解释》第 427 条)

(1) 债权人请求债务人给付金钱、有价证券。

(2) 已到期且数额确定。

(3) 债权人与债务人没有其他债务纠纷。

①人民法院受理支付令申请后，债权人就同一债权债务关系又提起诉讼的，已发出支付令的，支付令自行失效。(《民诉法解释》第 430 条)

②对设有担保的债务的主债务人发出的支付令，对担保人没有拘束力。债权人就担保关系单独提起诉讼的，支付令自人民法院受理案件之日起失效。(《民诉法解释》第434 条)

(4) 债务人在我国境内且未下落不明。

(5) 支付令能够送达债务人。

①债务人不在我国境内的，或者虽在我国境内但下落不明的，不适用督促程序。

②向债务人本人送达支付令，债务人拒绝接收的，人民法院可以留置送达。(《民诉法解释》第 429 条)

(6) 向有管辖权的法院申请：债务人住所地基层人民法院。(《民诉法解释》第 23、425 条)

(7) 债权人未向人民法院申请诉前保全。

2. 债务人异议。

(1) 提出异议的方式：书面形式。

①债务人的口头异议无效。(《民诉法解释》第 436 条)

②向其他人民法院起诉：债务人在收到支付令后，未在法定期间提出书面异议，而向其他人民法院起诉的，不影响支付令的效力。(《民诉法解释》第 431 条)

③债务人在法定期间内向本院就该借款关系起诉的，支付令失效。

(2) 异议的时间：

①收到支付令之日起 15 日内。

② 15 日内不提异议，支付令将产生执行力。

（3）异议的内容：必须是实体上的拒绝。

（4）对债务人异议的审查：形式审查。（《民诉法解释》第 435 条）

（5）审理后的处理：（《民事诉讼法》第 228 条）

①经审查，异议成立的：应当裁定终结督促程序，支付令自行失效。

②支付令失效的：转入诉讼程序。

③但申请支付令的一方当事人不同意提起诉讼的：不转入诉讼程序。

3. 支付令错误的救济。

本院裁定撤销支付令，驳回债权人的申请。（《民诉法解释》第 441 条）

第二节　公示催告程序

1. 适用范围。

（1）按照规定可以背书转让的票据；

（2）依照法律规定可以申请公示催告的其他事项，如记名股票、提单。（《公司法》第 143 条、《海事诉讼特别程序法》第 100 条）

2. 申请方式。

（1）申请原因：票据被盗、遗失或者灭失。

（2）申请人：票据持有人。

（3）管辖法院：票据支付地的基层人民法院。

3. 停止支付与公告。

（1）停止支付：法院认为符合受理条件的，通知予以受理，并同时通知支付人停止支付。（《民事诉讼法》第 230、231 条）

①支付人收到人民法院停止支付的通知，应当停止支付，至公示催告程序终结。

②公示催告期间，转让票据权利的行为无效。

（2）在 3 日内发出公告：催促利害关系人申报权利。

（3）公告期间：不得少于 60 日。（《民诉法解释》第 447 条）

4. 利害关系人申报权利。（《民事诉讼法》第 232 条、《民诉法解释》第 448 条）

（1）时间：除权判决作出前都可以申报权利。

（2）形式审查：仅审查申请公示催告的票据与利害关系人出示的票据是否一致。（《民诉法解释》第 449 条）

①出示票据：利害关系人申报权利，人民法院应当通知其向法院出示票据。

②查看票据：通知公示催告申请人在指定的期间查看该票据。

（3）处理：

①一致：裁定终结公示催告程序，申请人或者申报人可以向人民法院起诉。

②不一致：裁定驳回利害关系人的申报。

5. 除权判决。

（1）除权判决的作出：

①公示催告申请人申请；

②合议庭（公示催告阶段：独任制；除权判决阶段：合议制）。（《民诉法解释》第452条）

（2）申请除权判决的条件：

①在申报权利的期间无人申报权利，或者申报被驳回的；

②申请人应当自公示催告期间届满之日起1个月内申请。

（3）除权判决的效力：宣告票据无效。

6. 对除权判决错误的救济。（《民事诉讼法》第234条、《民诉法解释》第459条）

利害关系人因正当理由不能在判决前向人民法院申报的，自知道或者应当知道判决公告之日起1年内，可以向作出判决的人民法院起诉。诉请确认其为合法持票人。

（1）利害关系人请求人民法院撤销除权判决的，应当将申请人列为被告。

（2）利害关系人仅诉请确认其为合法持票人的，人民法院应当在裁判文书中写明，确认利害关系人为票据权利人的判决作出后，除权判决即被撤销。

第十七章　在线诉讼

一、在线诉讼的法律效力

1. 条件：

（1）经当事人同意；

（2）通过信息网络平台。

2. 效力：与线下诉讼活动具有同等法律效力。（《民事诉讼法》第 16 条）

二、互联网法院的集中管辖

1. 案件：（《最高人民法院关于互联网法院审理案件若干问题的规定》第 2 条）

（1）通过电子商务平台签订或者履行网络购物合同而产生的纠纷；

（2）在互联网上侵害他人人身权、财产权等民事权益而产生的纠纷；

（3）通过电子商务平台购买的产品，因存在产品缺陷，侵害他人人身、财产权益而产生的产品责任纠纷。

2. 原管辖法院：北京、广州、杭州基层法院。

3. 集中后：由本地互联网法院集中管辖，原基层法院不再管辖。

4. 可协议：当事人可以依法协议约定与争议有实际联系地点的互联网法院管辖。（《最高人民法院关于互联网法院审理案件若干问题的规定》第 3 条）

三、审理

1. 人民法院可以对以下案件适用在线诉讼，在线完成立案、调解、证据交换、询问、庭审、送达等全部或者部分诉讼环节：（《人民法院在线诉讼规则》第 3 条）

（1）民事诉讼案件；

（2）民事特别程序、督促程序、破产程序案件；

（3）民事执行案件。

2. 依职权转线下诉讼：在诉讼过程中，如存在当事人欠缺在线诉讼能力、不具备在线诉讼条件或者相应诉讼环节不宜在线办理等情形之一的，人民法院应当将相应诉讼环节转为线下进行。（《人民法院在线诉讼规则》第 5 条）

3. 当事人不同意在线诉讼：未经当事人及其他诉讼参与人同意，人民法院不得强制

或者变相强制适用在线诉讼。(《人民法院在线诉讼规则》第2条)

（1）各方当事人均明确表示不同意的，不得适用在线庭审。(《人民法院在线诉讼规则》第21条)

（2）部分当事人同意适用在线诉讼，部分当事人不同意的，相应诉讼环节可以采取同意方当事人线上、不同意方当事人线下的方式进行。(《人民法院在线诉讼规则》第4条)

[考点练习]

甲乙纠纷中，针对质证环节，甲同意在线诉讼，乙表示己方不同意在线，法院以不同意的理由不正当为由视为乙放弃质证权利，最终判决乙败诉，违反了下列哪一原则？（2022年考生回忆版真题/单选题）

A.同等原则   B.对等原则

C.诚信原则   D.在线诉讼原则

答案：D

解析：部分当事人同意适用在线诉讼，部分当事人不同意的，不同意方当事人可以通过线下质证的方式进行。

4.证人通过在线方式出庭的，人民法院应当通过指定在线出庭场所、设置在线作证室等方式，保证其不旁听案件审理和不受他人干扰。(《人民法院在线诉讼规则》第26条)

第十八章　执行程序

第一节　执行程序的启动

一、执行管辖法院

1. 发生法律效力的民事判决、裁定，以及刑事判决、裁定中的财产部分：由第一审人民法院或者与第一审人民法院同级的被执行的财产所在地人民法院执行。(《民事诉讼法》第 235 条、《民诉法解释》第 460 条)

2. 法律规定由人民法院执行的其他法律文书(公证债权文书、仲裁裁决书和仲裁调解书)，由被执行人住所地或者被执行的财产所在地人民法院执行。

3. 执行管辖权异议：(《最高人民法院关于适用〈中华人民共和国民事诉讼法〉执行程序若干问题的解释》第 3 条)

(1)异议时间：当事人应当自收到执行通知书之日起 10 日内提出。

(2)处理方式：

①异议成立的，应当撤销执行案件。

②异议不成立的，裁定驳回。

(3)可以复议：向上一级人民法院。

二、法院的受理

1. 法院受理执行案件的条件：(《最高人民法院关于人民法院执行工作若干问题的规定(试行)》第 16 条)

(1)申请或移送执行的法律文书已经生效；

(2)申请执行人是生效法律文书确定的权利人或其继承人、权利承受人；

(3)申请执行的法律文书有给付内容，且执行标的和被执行人明确；

(4)义务人在生效法律文书确定的期限内未履行义务；

(5)属于受申请执行的人民法院管辖。

🔍 注意　已经删除了"申请执行人在法定期限内提出申请"的要求。

2. 执行通知的时间：

（1）通常情况：人民法院应当在收到申请执行书或者移交执行书后 10 日内发出执行通知。（《最高人民法院关于人民法院执行工作若干问题的规定（试行）》第 22 条）

（2）执行员立即采取强制执行措施的：可以同时或者自采取强制执行措施之日起 3 日内发送执行通知书。（《最高人民法院关于适用〈中华人民共和国民事诉讼法〉执行程序若干问题的解释》第 22 条）

三、代位申请执行

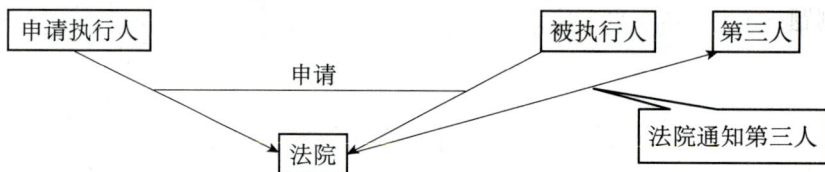

1. 适用条件：

（1）被执行人不能清偿债务，但对第三人享有到期债权；

（2）依申请执行人或被执行人的申请。注意：法院不得主动通知第三人履行债务。

2. 人民法院通知的效力：

（1）债务人 15 日内履行债务；

（2）债务人 15 日内提出异议；

（3）15 日内不提出异议，也不履行的，法院有权裁定强制执行。

3. 第三人异议。

（1）必须在法定期间（15 日内）内提出。允许口头提出。

（2）对异议不进行审查。但提出自己没有履行能力或者自己与申请执行人无直接法律关系，不属于异议。

（3）有效异议，人民法院不得对第三人强制执行。

①提出自己没有履行能力或者自己与申请执行人无直接法律关系，不属于异议。

②对生效法律文书确定的到期债权，第三人不得否认。（《民诉解释》第 499 条）

（4）利害关系人对到期债权有异议的，人民法院应当按照案外人对执行标的的异议处理。

四、委托执行

执行法院经调查发现被执行人在本辖区内已无财产可供执行，且在其他省、自治区、直辖市内有可供执行财产的，可以将案件委托异地的同级人民法院执行。

1. 委托执行的条件：（《最高人民法院关于委托执行若干问题的规定》第 1 条）

（1）被执行人在执行法院辖区内已无财产可供执行；

（2）在其他省、自治区、直辖市内有可供执行财产；

（3）将案件委托异地的同级人民法院执行。

2. 不委托亲自异地执行的条件：执行法院确需赴异地执行案件的，应当经其所在辖

区高级人民法院批准。(《最高人民法院关于委托执行若干问题的规定》第 1 条)

3. 委托执行的影响:(《最高人民法院关于委托执行若干问题的规定》第 2 条)

(1) 受托法院应当依法立案。

(2) 委托法院应当在收到受托法院的立案通知书后作销案处理。

五、执行回转

1. 执行回转的适用情形:

(1) 据以执行的判决、裁定和调解书确有错误,被人民法院撤销的。

(2) 其他法律文书执行完毕后,被有关机关或者组织依法撤销的。(《民诉法解释》第 474 条)

2. 执行回转的适用条件:

(1) 执行根据 (即据以执行的法律文书) 已执行完毕。

(2) 已经执行完毕的执行根据被撤销。

(3) 根据新的生效法律文书启动。一定要有新的执行根据,仅仅是执行根据被撤销不会导致执行回转。

[考点练习]

案情:某侵犯名誉权的案件执行完毕后,过了 1 个月,被告认为该判决在适用法律上有错误。

问题:在这种情况下,被告是否有权申请执行回转?

答案:被告无权申请执行回转。因为没有需要执行回转的新的文书出现。

3. 执行回转的程序要求:

(1) 法院依当事人申请或依职权启动。

(2) 按照新的生效法律文书,作出执行回转的裁定:责令原申请执行人返还已取得的财产及其孳息。

(3) 拒不返还的,强制执行。

第二节　执行程序的进行

一、执行中止

执行中止的情形:(《民事诉讼法》第 267 条、《最高人民法院关于人民法院办理仲裁裁决执行案件若干问题的规定》第 7 条)

(1) 申请人表示可以延期执行的;

(2) 案外人对执行标的提出确有理由的异议的;

(3) 作为一方当事人的公民死亡,需要等待继承人继承权利或者承担义务的;

(4) 作为一方当事人的法人或者其他组织终止,尚未确定权利义务承受人的;

（5）一方当事人申请执行仲裁裁决，另一方当事人申请撤销仲裁裁决的；

（6）仲裁裁决的被申请执行人向人民法院提出不予执行请求，并提供适当担保的。

🔍 **注意**　删除了"被执行人确无财产可供执行的"裁定中止执行的规定。

二、因执行担保而暂缓执行

1. 适用条件：

（1）被执行人或第三人向人民法院提供执行担保。（《民诉法解释》第 468 条、《最高人民法院关于执行担保若干问题的规定》第 3 条）

（2）申请执行人同意。（《最高人民法院关于执行担保若干问题的规定》第 6 条）

（3）人民法院准许。

2. 担保书中应当载明暂缓执行期限、担保期间等内容。（《最高人民法院关于执行担保若干问题的规定》第 4 条）

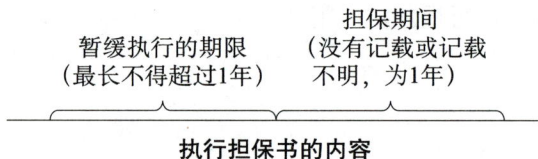

```
            暂缓执行的期限      担保期间
          （最长不得超过1年）  （没有记载或记载
                              不明，为1年）
          └─────────┘└─────────┘
                  执行担保书的内容
```

（1）担保期间：自暂缓执行期限届满之日起计算。（《最高人民法院关于执行担保若干问题的规定》第 12 条）

（2）担保期间届满后，免责，并依其申请解除查封、扣押、冻结：担保期间届满后，申请执行人申请执行担保财产或者保证人财产的，人民法院不予支持。他人提供财产担保的，人民法院可以依其申请解除对担保财产的查封、扣押、冻结。（《最高人民法院关于执行担保若干问题的规定》第 13 条）

3. 恢复执行。（《最高人民法院关于执行担保若干问题的规定》第 11 条）

（1）只能依申请，不能法院依职权恢复。

（2）如果选择执行担保人：不得将担保人变更、追加为被执行人。

法院可以依申请执行人的申请恢复执行，并直接裁定执行担保财产或者保证人的财产（以担保人应当履行义务部分的财产为限）。

（3）如果选择执行被执行人：被执行人有便于执行的现金、银行存款的，应当优先执行该现金、银行存款。

三、执行中变更、追加当事人

1. 申请变更、追加当事人的时间：执行过程中。（《执行中变更、追加当事人的规定》第 1 条）

2. 申请变更、追加当事人的主体：申请执行人或其继承人、权利承受人。（《执行中变更、追加当事人的规定》第 1 条）

3. （因主体消灭）申请变更、追加为被执行人的情形：（《执行中变更、追加当事人的规定》第 10 ～ 12 条）

适用情形	追加主体	特殊要求	条文
(1) 作为被执行人的**自然人死亡**或被宣告死亡	该自然人的遗产管理人、继承人、受遗赠人或其他（因该自然人死亡或被宣告死亡）取得遗产的主体	在遗产范围内承担责任	第 10 条
(2) 作为被执行人的**法人或非法人组织因合并而终止**	合并后存续或新设的法人、非法人组织		第 11 条
(3) 作为被执行人的**法人或非法人组织分立**	①分立后新设的法人或非法人组织②被执行人在分立前与申请执行人就债务清偿达成的书面协议，另有约定的除外	对生效法律文书确定的债务承担连带责任	第 12 条

4.（**被执行人不是法人**）申请变更、追加为被执行人的情形：(《执行中变更、追加当事人的规定》第 13 ～ 16 条）

适用情形	追加主体	特殊要求	条文
(1) 作为被执行人的**个人独资企业**，不能清偿生效法律文书确定的债务	出资人		第 13 条
(2) 作为被执行人的**合伙企业**，不能清偿生效法律文书确定的债务	普通合伙人		第 14 条
(3) 作为被执行人的**法人分支机构**，不能清偿生效法律文书确定的债务	该法人	法人直接管理的责任财产仍不能清偿债务的，人民法院可以直接执行该法人其他分支机构的财产	第 15 条

5.（**被执行人是法人**）申请变更、追加为被执行人的情形：(《执行中变更、追加当事人的规定》第 17 ～ 21 条）

适用情形	追加主体	特殊要求	条文
(1) 作为被执行人的**营利法人**，财产不足以清偿生效法律文书确定的债务	未缴纳或未足额缴纳出资的**股东、出资人**或依公司法规定对该出资承担连带责任的**发起人**	在尚未缴纳出资的范围内依法承担责任	第 17 条
(2) 作为被执行人的**一人有限责任公司**，财产不足以清偿生效法律文书确定的债务	不能证明公司财产独立于自己财产的**股东**	对公司债务承担**连带责任**	第 20 条

四、执行措施

1.迟延履行利息和迟延履行金。

（1）被执行人未按判决、裁定和其他法律文书指定的期间履行给付金钱义务的，应当加倍支付迟延履行期间的债务利息。

（2）被执行人未按判决、裁定和其他法律文书指定的期间履行其他义务的，应当支付迟延履行金。

2. 执行标的物为特定物的：（《最高人民法院关于人民法院执行工作若干问题的规定（试行）》第41条、《民诉法解释》第492条）

（1）应当执行原物。

（2）原物被隐匿或非法转移的：人民法院有权责令其交出。

（3）原物确已毁损或灭失的：经双方当事人同意，可以折价赔偿。

（4）双方当事人对折价赔偿不能协商一致的：人民法院应当终结执行程序。申请执行人可以另行起诉。

3. 侵犯名誉权案件：侵权人拒不执行生效判决，不为对方恢复名誉、消除影响的，人民法院可以采取公告、登报等方式，将判决的主要内容及有关情况公布于众，费用由被执行人负担。并可依照《民事诉讼法》第114条第1款第6项的规定处理，即追究妨碍执行的责任。

4. 被执行人将其财产出卖给第三人，但根据合同约定被执行人保留所有权的：（《最高人民法院关于人民法院民事执行中查封、扣押、冻结财产的规定》第14条）

（1）第三人已经支付部分价款并实际占有该财产：人民法院可以查封、扣押、冻结。

（2）第三人要求继续履行合同的，向人民法院交付全部余款后：裁定解除查封、扣押、冻结。

5. 查封、扣押、冻结未办理产权过户登记的财产：（《最高人民法院关于人民法院民事执行中查封、扣押、冻结财产的规定》第17条）

（1）情形：被执行人购买需要办理过户登记的第三人的财产。

（2）条件：①被执行人已经支付部分或者全部价款并实际占有该财产。②未办理产权过户登记手续。③申请执行人已向第三人支付剩余价款或者第三人同意剩余价款从该财产变价款中优先支付的。

6. 查封不动产的方式：（《最高人民法院关于人民法院民事执行中查封、扣押、冻结财产的规定》第7条）

（1）封条或者公告：查封不动产的，人民法院应当张贴封条或者公告，并可以提取保存有关财产权证照。

（2）办理登记：查封、扣押、冻结已登记的不动产、特定动产及其他财产权，应当通知有关登记机关办理登记手续。

（3）未办理登记手续的：不得对抗其他已经办理了登记手续的查封、扣押、冻结行为。

第三节　执行程序的结束

一、不予执行

时间与管辖法院：当事人请求不予执行仲裁裁决或者公证债权文书的，应当在执行终结前向执行法院提出。（《民诉法解释》第479条）

（一）不予执行公证债权文书

1. 申请执行公证债权文书的材料：公证债权文书 + 执行证书。（《最高人民法院关于公证债权文书执行若干问题的规定》第 3 条）

2. 公证债权文书不予执行的情形：确有错误。（《民诉法解释》第 478 条）

（二）不予执行国内仲裁裁决书

1. 国内仲裁裁决不予执行的情形：（《民事诉讼法》第 248 条）

（1）当事人在合同中没有订有仲裁条款或者事后没有达成书面仲裁协议的；

（2）裁决的事项不属于仲裁协议的范围或者仲裁机构无权仲裁的；

（3）仲裁庭的组成或者仲裁的程序违反法定程序的；

（4）裁决所根据的证据是伪造的；

（5）对方当事人向仲裁机构隐瞒了足以影响公正裁决的证据的；

（6）仲裁员在仲裁该案时有贪污受贿，徇私舞弊，枉法裁决行为的；

（7）人民法院认定执行该裁决违背社会公共利益的。

2. 仲裁裁决部分不予执行：（《民诉法解释》第 475 条）

（1）不予执行部分与其他部分可分的，法院应当裁定对该部分不予执行。

（2）不予执行部分与其他部分不可分的，法院应当裁定不予整个执行仲裁裁决。

3. 仲裁裁决不予执行的救济：法院裁定不予执行仲裁裁决后，当事人可以就该民事纠纷重新达成书面仲裁协议申请仲裁，也可以向人民法院起诉。（《民诉法解释》第 476 条）

二、执行和解

1. 执行和解的要求。

（1）时间：执行中。

（2）主体：双方当事人。注意：执行中法院不得进行调解。

（3）方式：只有三种：（《最高人民法院关于执行和解若干问题的规定》第 2 条）

①各方当事人共同向人民法院提交书面和解协议的；

②一方当事人向人民法院提交书面和解协议，其他当事人予以认可的；

③当事人达成口头和解协议，执行人员将和解协议内容记入笔录，由各方当事人签名或者盖章的。

[考点练习]

案情：法院受理甲出版社与乙报社著作权纠纷案，判决乙报社赔偿甲出版社 10 万元，并登报赔礼道歉。判决生效后，乙报社交付 10 万元，但未按期赔礼道歉，甲出版社申请强制执行。执行中，甲出版社、乙报社自行达成口头协议，约定乙报社免于赔礼道歉，但另付甲出版社 1 万元。

问题：该和解协议是否需要记入笔录？

答案：应当记入笔录。以口头方式达成执行和解协议，必须由执行人员将当事人协议内容记入笔录，由各方当事人签名或盖章。

2. 执行和解的效力：能够依法变更生效法律文书确定的内容。(《最高人民法院关于执行和解若干问题的规定》第 1 条)

（1）执行和解协议<u>不具有强制执行力</u>：当事人达成以物抵债执行和解协议的，人民法院不得依据该协议作出以物抵债裁定。(《最高人民法院关于执行和解若干问题的规定》第 6 条)

（2）和解协议达成后，法院可以裁定<u>中止执行</u>。

（3）执行和解协议履行完毕的，人民法院作<u>执行结案</u>处理。(《最高人民法院关于执行和解若干问题的规定》第 8 条)

（4）被执行人一方不履行执行和解协议的，<u>恢复执行与起诉，只能二选一</u>：申请执行人可以申请恢复执行原生效法律文书，也可以就履行执行和解协议向执行法院提起诉讼。(《最高人民法院关于执行和解若干问题的规定》第 9 条)

3. 恢复执行。

（1）依对方当事人的<u>申请</u>。

（2）恢复执行的原因：(《民事诉讼法》第 241 条)

①申请执行人因受欺诈、胁迫与被执行人达成和解协议的；

②当事人不履行和解协议的。

（3）恢复执行的对象：<u>原生效法律文书</u>。注意：不是执行和解协议。

三、执行终结

1. 执行终结的情形。(《民事诉讼法》第 268 条)

（1）申请人撤销申请的：因撤销申请而终结执行后，当事人在民事诉讼法规定的申请执行时效期间内再次申请执行的，人民法院应当受理。(《民诉法解释》第 518 条)

（2）据以执行的法律文书被撤销的。

（3）作为被执行人的<u>公民死亡</u>，<u>无遗产</u>可供执行，又无<u>义务承担人</u>的。

（4）追索赡养费、扶养费、抚养费案件的<u>权利人死亡</u>的。

（5）作为被执行人的公民因生活困难<u>无力偿还借款</u>，无收入来源，又丧失劳动能力的。

（6）<u>未发现可供执行的财产</u>的。(《民诉法解释》第 517 条)

①经过财产调查未发现可供执行的财产，在申请执行人签字确认或者执行法院组成合议庭审查核实并经<u>院长批准</u>后，可以裁定<u>终结本次执行程序</u>。

②裁定终结本次执行程序后，申请执行人发现被执行人有可供执行财产的，可以再次申请执行。再次申请不受申请执行时效期间的限制。

2. 总结：作为被执行人的<u>公民死亡</u>对执行程序的影响。

（1）执行中止：等待继承人继承权利或者承担义务。

（2）变更、追加：申请执行人申请变更、追加该自然人的遗产管理人、继承人、受遗赠人或其他取得遗产的主体为被执行人，在遗产范围内承担责任。

🔍 注意　已经删除了"继承人放弃继承或受遗赠人放弃受遗赠，又无遗嘱执行人的，人民法院可以直接执行遗产"的规定。

3. 执行结案的方式包括：(《最高人民法院关于人民法院执行工作若干问题的规定（试

行)》第 64 条）

（1）执行完毕；

（2）终结本次执行程序；

（3）终结执行；

（4）销案；

（5）不予执行；

（6）驳回申请。

第四节　执行错误的救济

一、案外人对执行标的的异议

1. 异议的条件。(《民事诉讼法》第 238 条)

（1）执行过程中：在该执行标的执行程序终结前提出。(《民诉法解释》第 462 条)

（2）提出异议的主体：必须是案外人，不能是申请执行人和被执行人。

（3）针对执行标的：案外人对执行标的享有足以排除强制执行的权益。(《民诉法解释》第 463 条)

2. 程序问题。(《民事诉讼法》第 238 条)

（1）异议方式：书面异议。

（2）审查期限：法院应当自收到书面异议之日起 15 日内审查。

（3）审查方式：执行法院应当进行实质性审查，以确认异议人是否真的对执行标的享有权利。(《民诉法解释》第 463 条)

（4）可保全不处分：审查期间可以对财产采取查封、扣押、冻结等保全措施，但不得进行处分。(《最高人民法院关于适用〈中华人民共和国民事诉讼法〉执行程序若干问题的解释》第 15 条)

（5）两种处理：(《民诉法解释》第 463 条)

①理由不成立的，裁定驳回其异议。

②理由成立的，裁定中止对该标的的执行：中止执行应当限于案外人依该条规定提出异议部分的财产范围。对被执行人的其他财产，不应中止执行。

3. 对裁定不服的救济。(《民事诉讼法》第 238 条)

（1）判决房屋 + 执行房屋：案外人、当事人对裁定不服，认为原判决、裁定错误的，依照审判监督程序办理。

（2）判决给钱 + 执行房屋：与原判决、裁定无关的，可以自裁定送达之日起 15 日内向执行法院提起诉讼（即执行异议之诉）。(《民诉法解释》第 302 条)

①案外人和申请执行人，可以提起执行异议之诉。

②被执行人，无权提起执行异议之诉。

[解题技巧] 案外人、当事人的进一步救济方式分三步：

第一步，找到案外人异议的物是什么。

第二步，找到判决的内容是什么。

第三步，分两种情况：①判过的，再审；②没判过的，执行异议之诉。

[考点练习]

案情：原告李某起诉被告王某要求返还借款 5 万元的诉讼，法院二审判决被告王某返还原告李某 5 万元借款。判决生效后，由于被告王某没有主动履行义务，原告李某向法院申请强制执行。进入执行程序以后，由于被告王某没有现金，法院扣押了王某的一辆汽车。即将拍卖前，案外人陈某向法院主张，该汽车是自己所有的，只是一直委托被告王某保管，法院不能强制执行。

问题 1：如果法院驳回了案外人陈某的异议，案外人陈某如何进一步寻求救济？

提示：分三步：①案外人异议的是汽车；②判的是给 5 万元；③由于异议的是没判过的，只能提执行异议之诉。

答案：可以向执行法院提起执行异议之诉（案外人异议之诉）。

问题 2：如果法院支持了案外人陈某的异议，申请执行人如何进一步寻求救济？

答案：可以向执行法院提起执行异议之诉（许可执行之诉）。

4. 因为异议导致的再审。（《民诉法解释》第 422 条）

（1）按照第一审程序再审的，应当追加异议人为当事人，作出新的判决、裁定；

（2）按照第二审程序再审，经调解不能达成协议的，应当撤销原判决、裁定，发回重审；

（3）重审时应追加异议人为当事人。

二、执行异议之诉

1. 原告与被告的确定。

（1）案外人提起执行异议之诉的，以申请执行人为被告。被执行人反对案外人异议的，被执行人为共同被告；被执行人不反对案外人异议的，可以列被执行人为第三人。（《民诉法解释》第 305 条）

（2）申请执行人提起执行异议之诉的，以案外人为被告。被执行人反对申请执行人主张的，以案外人和被执行人为共同被告；被执行人不反对申请执行人主张的，可以列被执行人为第三人。（《民诉法解释》第 306 条）

原告	被告	共同被告	第三人
案外人	申请执行人	被执行人反对时	被执行人不反对时
申请执行人	案外人	被执行人反对时	被执行人不反对时

[考点练习]

案情：甲公司申请强制执行乙公司的财产，法院将乙公司的一处房产列为执行标的。执行中，丙银行向法院主张，乙公司已将该房产抵押贷款，并以自己享有抵押权为由提出异议。乙公司否认将房产抵押给丙银行。经审查，法院驳回丙银行的异议。

问题：丙银行拟向法院起诉，应当以谁为被告？

答案：应当以甲公司和乙公司为共同被告。丙银行起诉时，甲公司为被告。乙公司否认过，应当作为共同被告。

2. 案外人的证明责任：案外人或者申请执行人提起执行异议之诉的，案外人应当就其对执行标的享有足以排除强制执行的民事权益承担举证证明责任。（《民诉法解释》第309 条）

3. 审理程序：人民法院审理执行异议之诉案件，适用普通程序。（《民诉法解释》第308 条）

三、第三人撤销之诉、执行异议、再审的关系

1. 第三人撤销之诉与再审的关系。

由于在效果上都是纠正生效裁判的错误，对于当事人来讲，只能二选一。但法院和检察院也能启动再审，此时就需要处理第三人撤销之诉与再审的关系：并入再审或者只审第三人撤销之诉。

（1）通常第三人撤销之诉要并入再审：第三人撤销之诉案件审理期间，人民法院对生效判决、裁定、调解书裁定再审的，受理第三人撤销之诉的人民法院应当裁定将第三人的诉讼请求并入再审程序。（《民诉法解释》第 299 条）

（2）原案为虚假诉讼时，先审理第三人撤销之诉，并中止再审：有证据证明原审当事人之间恶意串通损害第三人合法权益的，人民法院应当先行审理第三人撤销之诉案件，裁定中止再审诉讼。（《民诉法解释》第 299 条）

（3）并入再审后，对第三人诉讼请求的处理：（《民诉法解释》第 300 条）

按照第一审程序审理的，人民法院应当对第三人的诉讼请求一并审理，所作的判决可以上诉；

按照第二审程序审理的，人民法院可以调解，调解达不成协议的，应当裁定撤销原判决、裁定、调解书，发回一审法院重审，重审时应当列明第三人。

2. 主张独有时第三人撤销之诉、执行异议、再审的关系。（《民诉法解释》第 301 条）

（1）第三人撤销之诉 + 执行异议：

①第三人提起撤销之诉后，未中止生效判决、裁定、调解书执行的；

②执行法院对第三人提出的执行异议，应予审查；

③第三人不服驳回执行异议裁定，申请对原判决、裁定、调解书再审的，人民法院不予受理。

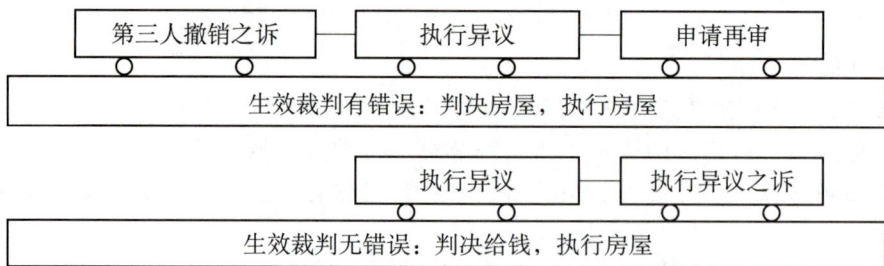

第三人撤销之诉	—	执行异议	—	申请再审

生效裁判有错误：判决房屋，执行房屋

执行异议	—	执行异议之诉

生效裁判无错误：判决给钱，执行房屋

> 考试技巧：
> （1）判决给钱，执行房屋，上两节小火车；判决房屋，执行房屋，上三节小火车。
> （2）不能直接申请再审或者提执行异议之诉：申请再审或者提执行异议之诉，以驳回执行异议为前置条件。
> （3）三节小火车，每次可以选两节，中间不能断：三撤+异议；异议+再审。

（2）执行异议 + 再审：

①案外人对人民法院<u>驳回其执行异议</u>裁定不服，认为原判决、裁定、调解书内容错误损害其合法权益的；

②应当根据《民事诉讼法》第238条规定<u>申请再审</u>；

③提起<u>第三人撤销之诉</u>的，人民法院<u>不予受理</u>。

[解题技巧] 对案外人的执行异议的处理：

（1）案外人对于执行标的物，提出的是独有，还是共有。

（2）案外人对执行标的物，提出独有之后，根据案外人有异议的物，原判决判没判。

判过，上三节小火车：三撤+异议；异议+再审。

没判，异议+异议之诉。

（3）案外人对执行标的物，提出共有之后，根据案外人有异议的物，原判决判没判。

①判过，异议+再审。

②没判，异议+异议之诉。

[考点练习]

案情：汤某设宴为母祝寿，向成某借了一尊清代玉瓶装饰房间。毛某来祝寿时，看上了玉瓶，提出购买。汤某以30万元将玉瓶卖给了毛某，并要其先付钱，寿典后15日内交付玉瓶。毛某依约履行，汤某以种种理由拒绝交付。毛某诉至甲县法院，要求汤某交付玉瓶，得到判决支持。汤某未上诉，判决生效。在该判决执行时，成某知晓了上述情况。

提示：①成某是有独立请求权的第三人。②因生效判决而受到损害的第三人，有三种救济途径可以选择使用：提第三人撤销之诉；提执行异议；申请再审。

问题1：成某能不能以案外人身份向甲县法院直接申请再审？

答案：不能。因为申请再审有前置程序，必须是提过执行异议，并且执行异议被驳回后才能申请再审。

问题2：成某可不可以向甲县法院提出第三人撤销之诉？

答案：可以。尽管案情中说到了在执行该判决时，成某知晓了情况，但并没有提到成某提出了执行异议。由于成某没有作出任何选择，因此可以选择首先提起第三人撤销之诉，也可以选择首先提起执行异议。

问题3：成某向执行法院提出异议之后被驳回，接下来如何寻求救济？

答案：可以向法院申请再审。题目给定的条件是首先选了执行异议，并且被驳回，则接下来只能选择申请再审，不可以提第三人撤销之诉。

四、对执行行为的异议

1. 情形：执行行为违反法律规定。(《民事诉讼法》第236条)
2. 主体：当事人、利害关系人。
3. 法院：向负责执行的人民法院提出。
4. 理由不成立的，裁定驳回。
5. 复议：自裁定送达之日起10日内向上一级人民法院申请复议。

第十九章 仲裁制度

扫描右侧二维码"听课+做题",直达最佳学习效果

1. 在线听课:学习本章节核心考点讲解课程。
2. 在线刷题:点击 🏠 进入题库做章节练习。

一、仲裁范围

1. 可以仲裁:平等主体的公民、法人和其他组织之间发生的合同纠纷和其他财产权益纠纷。(《仲裁法》第 2 条)

2. 以下三类事项不得仲裁:(《仲裁法》第 3 条)

(1)婚姻、收养、监护、扶养、继承纠纷。

> [考点练习]
>
> 案情:张小山与张大山之间因继承父亲的 5 万元存款发生争议。
>
> 问题:若双方达成仲裁协议约定该纠纷仲裁解决,该仲裁协议是否有效?
>
> 答案:无效。本案属于继承纠纷,不得仲裁。

(2)依法应当由行政机关处理的行政争议。

(3)劳动争议(只能由劳动仲裁委员会仲裁)和农业承包合同纠纷(只能由农村土地承包仲裁委员会仲裁)。(《仲裁法》第 77 条)

3. 破产案件与民事诉讼、民事仲裁的关系。

(1)有仲裁协议的:当事人之间在破产申请受理前订立有仲裁条款或仲裁协议的,应当向选定的仲裁机构申请确认债权债务关系。(《最高人民法院关于适用〈中华人民共和国企业破产法〉若干问题的规定(三)》第 8 条)

(2)无仲裁协议的:人民法院受理破产申请后,有关债务人的民事诉讼,只能向受理破产申请的人民法院提起。(《企业破产法》第 21 条)

二、仲裁协议的形式与内容

1. 仲裁协议的形式。(《仲裁法》第 16 条)

(1)仲裁条款。

(2)其他书面形式:包括合同书、信件和数据电文等。[《最高人民法院关于适用〈中华人民共和国仲裁法〉若干问题的解释》(以下简称《仲裁法解释》)第 1 条]

2. 仲裁协议应当具有的内容:(《仲裁法》第 16 条)

（1）请求仲裁的意思表示；

（2）仲裁事项；

（3）选定的仲裁委员会。

3. 仲裁协议的内容欠缺对于仲裁协议效力的影响：无效＋补充＝有效。（《仲裁法》第18条）

（1）可以补充协议；

（2）达不成补充协议的，仲裁协议无效。

［考点练习］

案情：武当公司与洪湖公司签订了一份钢材购销合同，同时约定，因合同效力或合同的履行发生纠纷提交A仲裁委员会或B仲裁委员会仲裁解决。

问题1：因当事人约定了两个仲裁委员会，仲裁协议属于当然无效吗？

答案：不属于。当然无效的说法，忽视了可以通过补充协议变得有效这种情况。本案中的仲裁协议是无效的，但并不是当然无效，可通过补充协议变得有效。

问题2：洪湖公司如向法院起诉，法院应当受理吗？

答案：应当受理。双方在仲裁协议中约定了两个仲裁委员会，题目中没有出现"补充协议"的情节，那仲裁协议就是无效的。既然仲裁协议是无效的，洪湖公司向法院起诉，法院就应当受理。

---

4. 约定的仲裁委员会不明确的情形。

（1）仲裁协议约定的仲裁机构名称不准确，但能够确定具体的仲裁机构的，应当认定选定了仲裁机构。（《仲裁法解释》第3条）

（2）仲裁协议仅约定纠纷适用的仲裁规则的：按照约定的仲裁规则不能够确定仲裁机构的，视为未约定仲裁机构，但按照约定的仲裁规则能够确定仲裁机构的，属于约定了仲裁机构。（《仲裁法解释》第4条）

（3）仲裁协议约定两个以上仲裁机构的：当事人可以协议选择其中的一个仲裁机构申请仲裁；当事人不能就仲裁机构选择达成一致的，仲裁协议无效。（《仲裁法解释》第5条）

（4）仲裁协议约定由某地的仲裁机构仲裁：该地仅有一个仲裁机构的，该仲裁机构视为约定的仲裁机构；该地有两个以上仲裁机构的，仲裁协议无效。（《仲裁法解释》第6条）

情形	举例	仲裁协议是否有效	说明
（1）约定仲裁机构名称不准确	约定："由北京市仲裁委员会仲裁"	有效	仲裁机构的名称中没有行政级别，多了"市"
（2）只约定了仲裁规则	约定："适用《中国国际经济贸易仲裁委员会仲裁规则》进行仲裁"	无效	如果特别强调根据这个规则能够确定出一个具体的机构：此时仲裁协议有效

（续）

情形	举例	仲裁协议是否有效	说明
（3）约定两个以上仲裁机构	约定："提交 A 仲裁委员会或 B 仲裁委员会仲裁"	无效	如果双方通过补充协议确定由其中一个机构仲裁：此时仲裁协议有效
（4）只约定了仲裁地点	约定："由 A 市的仲裁机构仲裁"	可能有效，可能无效	①1 地 1 个机构：有效；②1 地多个机构：无效

三、仲裁协议的效力

1. 仲裁协议（或仲裁条款）独立存在。（《仲裁法》第 19 条）

（1）仲裁案件往往会有两个争议：

①仲裁协议效力争议；

②实体权利义务争议。

（2）合同未成立、合同成立后未生效或者被撤销的：不影响仲裁协议的效力。（《仲裁法解释》第 10 条）

2. 仲裁协议常考无效情形的总结。

（1）选择的仲裁机构不存在的（如：选择由 A 县仲裁委员会仲裁），仲裁协议无效。

（2）同时选择诉讼或者仲裁的协议（如：木材质量问题争议，可以由合同签订地南京市鼓楼区法院管辖，也可以向南京仲裁委员会申请仲裁）：

①原则上：仲裁协议无效，但管辖协议有效。

②例外时仲裁协议会变得有效，条件：一方向仲裁机构申请仲裁，另一方未在仲裁庭首次开庭前提出异议的。（《仲裁法解释》第 7 条）

3. 仲裁协议效力的确认。（《仲裁法》第 20 条）

（1）确认机关：（《最高人民法院关于审理仲裁司法审查案件若干问题的规定》第 2 条）

①人民法院：由仲裁协议约定的仲裁机构所在地、仲裁协议签订地、申请人住所地、被申请人住所地的中级人民法院管辖，应当组成合议庭。

②仲裁委员会：仲裁委员会可以自己作决定，也可以授权仲裁庭作出决定。

③同时向法院和仲裁委员会提出申请时：法院的确认权优先（仲裁机构无权再处理）。

（2）提出时间：

①仲裁庭首次开庭前提出。

②当事人在仲裁庭首次开庭前没有对仲裁协议的效力提出异议，而后向人民法院申请确认仲裁协议无效的，人民法院不予受理。（《仲裁法解释》第 13 条）

（3）向仲裁委员会申请确认的条件：未向法院提出申请。

（4）向法院申请确认的条件：仲裁机构对仲裁协议的效力尚未作出决定（因为仲裁委员会对仲裁协议的效力作出决定后将一裁终局）。（《仲裁法解释》第 13 条）

四、仲裁庭的组成

1. 当事人可以约定由 1 名仲裁员独任仲裁，也可约定由 3 名仲裁员组成仲裁庭。

（1）当事人约定由 3 名仲裁员组成仲裁庭的：

①应当各自选定或者各自委托仲裁委员会主任指定 1 名仲裁员；

②第 3 名仲裁员由当事人共同选定或者共同委托仲裁委员会主任指定。

（2）当事人约定由 1 名仲裁员成立仲裁庭的，应当由当事人共同选定或者共同委托仲裁委员会主任指定仲裁员。

2. 当事人没有在仲裁规则规定的期限内约定仲裁庭的组成方式或者选定仲裁员的，由仲裁委员会主任指定。

五、回避制度

1. 回避的适用范围。

（1）是本案当事人或者当事人、代理人的近亲属；

（2）与本案有利害关系；

（3）与本案当事人、代理人有其他关系，可能影响公正仲裁的；

（4）私自会见当事人、代理人，或者接受当事人、代理人的请客送礼的。

2. 仲裁回避的决定。（《仲裁法》第 36 条）

（1）仲裁员是否回避，由仲裁委员会主任决定；

（2）仲裁委员会主任，由仲裁委员会集体决定。

3. 仲裁员回避的法律后果。

（1）当事人可以请求已进行的仲裁程序重新进行；

（2）仲裁庭也可以自行决定已进行的仲裁程序是否重新进行；

（3）按照上述规则重新选定或者指定仲裁员（不必更换其他的仲裁员）。

六、仲裁保全

1.申请的程序	当事人在仲裁程序中提出申请，由仲裁委员会将当事人的申请提交人民法院			
2.管辖的法院	证据保全	证据所在地法院	国内仲裁	基层法院
			涉外仲裁	中级法院
	财产保全	被申请人住所地或财产所在地法院	国内仲裁	基层法院
			涉外仲裁	中级法院

七、仲裁程序

1. 仲裁程序的公开。

（1）仲裁不公开进行。

（2）当事人协议公开的，可以公开进行。

（3）但涉及国家秘密的除外。

2. 仲裁的开庭。

（1）仲裁应当开庭进行。

（2）当事人协议不开庭的，仲裁庭可以根据仲裁申请书、答辩书以及其他材料作出裁决。

八、仲裁中的调解与和解

1. 调解的结果。

（1）调解不成的，及时裁决。

（2）调解达成协议的，仲裁庭应当制作调解书或者根据协议的结果制作裁决书。

[考点练习]

案情：天南公司与海北公司因木材买卖合同发生纠纷，根据双方达成的仲裁协议申请仲裁，在仲裁中仲裁庭主持双方进行调解。仲裁调解达成协议后，天南公司认为经当事人、仲裁员在协议上签名后，仲裁协议即发生效力。

问题：天南公司的理解正确吗？

答案：这种理解是错误的。仲裁中达成调解协议的，不能通过调解协议结案，一定要变成法定的文书，即制作成调解书，或者根据需要将协议的结果制作成裁决书。

2. 调解书的生效。

（1）调解书经双方当事人签收后，即发生法律效力。

（2）在调解书签收前当事人可以反悔，仲裁庭应当及时作出裁决。

3. 仲裁中的和解。

（1）当事人申请仲裁后，可以自行和解；无须在仲裁庭主持下进行。

（2）达成和解协议的，当事人可以选择：

①请求仲裁庭根据和解协议作出裁决书。

②撤回仲裁申请。

九、仲裁裁决

1. 评议方式。

（1）实行少数服从多数的原则。

（2）不能形成多数意见时，裁决应当按照首席仲裁员的意见作出。

2. 仲裁裁决书。

（1）裁决书的内容：

①仲裁请求、争议事实、裁决理由、裁决结果、仲裁费用的负担和裁决日期。

②当事人协议不愿写明争议事实和裁决理由的，可以不写。

（2）裁决书的签名：

①裁决书由仲裁员签名，加盖仲裁委员会印章。

②对裁决持不同意见的仲裁员，可以签名，也可以不签名。（《仲裁法》第54条）

[考点练习]

案情：三名仲裁员组成合议庭裁决某一案件时，最终的裁决书只有一个人签名。

问题：请问这个签名的人是谁？

答案：首席仲裁员。三名仲裁员形成了三种不同意见，按首席仲裁员意见作出裁决。另外两名仲裁员持不同意见，是可以不签名的。

（3）裁决书的生效：裁决书自作出之日起发生法律效力。

3. 仲裁裁决的补正。

（1）情形：

①文字错误；

②计算错误；

③仲裁庭已经裁决但在裁决书中遗漏的事项。

（2）救济：

①仲裁庭应当补正；

②当事人可以请求仲裁庭补正。

十、撤销仲裁裁决

1. 依当事人申请：（《仲裁法》第58条）

（1）法院不能依职权撤销；

（2）仲裁调解书不可以申请撤销。

2. 管辖：仲裁委员会所在地的中级人民法院（合议庭审理）。

3. 法定情形：与不予执行仲裁裁决的情形相同。

（1）没有仲裁协议的；

（2）裁决的事项不属于仲裁协议的范围或者仲裁委员会无权仲裁的；

（3）仲裁庭的组成或者仲裁的程序违反法定程序的；

（4）裁决所根据的证据是伪造的；

（5）对方当事人隐瞒了足以影响公正裁决的证据的；

（6）仲裁员在仲裁该案时有索贿受贿，徇私舞弊，枉法裁决行为的。

4. 前置程序：当事人在仲裁程序中（即仲裁庭首次开庭前）对仲裁协议的效力提出过异议。（《仲裁法解释》第27条）

5. 申请期间：自收到裁决书之日起6个月内提出。（《仲裁法》第59条）

6. 通知仲裁庭重新仲裁，并裁定中止撤销程序。（这是修复裁决错误的机制，只有撤销程序中才有）（《仲裁法》第60、61条）

（1）适用的情形限于：

①仲裁裁决所根据的证据是伪造的；

②对方当事人隐瞒了足以影响公正裁决的证据的。

（2）通知应说明理由：法院应当在通知中说明要求重新仲裁的具体理由。（《仲裁法

解释》第 21 条）

（3）重新仲裁的影响：（《仲裁法解释》第 22 条）

①仲裁庭在法院指定的期限内开始重新仲裁的：法院应当裁定终结撤销程序；

②未开始重新仲裁的：法院应当裁定恢复撤销程序。

7. 当事人向人民法院申请撤销仲裁裁决被驳回后，又在执行程序中以相同理由提出不予执行抗辩的，人民法院不予支持。（《仲裁法解释》第 26 条）

十一、执行与不执行仲裁裁决

（一）执行仲裁裁决

1. 申请执行仲裁裁决或者仲裁调解书的管辖法院。（《最高人民法院关于人民法院办理仲裁裁决执行案件若干问题的规定》第 2 条）

（1）管辖：由被执行人住所地或者被执行的财产所在地的中级人民法院管辖。

（2）指定：执行标的额符合基层人民法院一审民商事案件级别管辖受理范围，经上级人民法院批准，中级人民法院可以指定被执行人住所地或者被执行的财产所在地基层人民法院管辖。

2. 一方当事人申请执行裁决，另一方当事人申请撤销裁决的：优先处理撤销申请。

（1）法院应当裁定中止执行。

（2）法院裁定撤销裁决的，应当裁定终结执行。

（3）撤销裁决的申请被裁定驳回的，法院应当裁定恢复执行。

（二）不予执行国内仲裁裁决书

1. 国内仲裁裁决不予执行的情形：（《民事诉讼法》第 248 条）

（1）当事人在合同中没有订有仲裁条款或者事后没有达成书面仲裁协议的；

（2）裁决的事项不属于仲裁协议的范围或者仲裁机构无权仲裁的；

（3）仲裁庭的组成或者仲裁的程序违反法定程序的；

（4）裁决所根据的证据是伪造的；

（5）对方当事人向仲裁机构隐瞒了足以影响公正裁决的证据的；

（6）仲裁员在仲裁该案时有贪污受贿，徇私舞弊，枉法裁决行为的；

（7）人民法院认定执行该裁决违背社会公共利益的。

2. 申请不予执行的主体：被执行人、案外人。（《最高人民法院关于人民法院办理仲裁裁决执行案件若干问题的规定》第 2 条）

3. 和解与调解的结果必须执行：被执行人申请不予执行仲裁调解书或者根据当事人之间的和解协议、调解协议作出的仲裁裁决，人民法院不予支持，但该仲裁调解书或者仲裁裁决违背社会公共利益的除外。（《最高人民法院关于人民法院办理仲裁裁决执行案件若干问题的规定》第 17 条）

[考点练习]

案情：张某根据与刘某达成的仲裁协议，向某仲裁委员会申请仲裁。在仲裁审理中，双方达成和解协议并申请依和解协议作出裁决。裁决作出后，刘某拒不履行其义务，张某向法院申请强制执行，而刘某则向法院申请裁定不予执行该仲裁裁决。

问题：执行法院应当如何处理？

答案：法院应当继续执行，不予审查是否具有不予执行仲裁裁决的情形。因为当事人请求不予执行根据当事人之间的和解协议作出的仲裁裁决书的，人民法院不予支持。

4. 裁决被人民法院依法裁定撤销或者不予执行的：当事人就该纠纷可以根据双方重新达成的仲裁协议申请仲裁，也可以向人民法院起诉。

5. 不予执行或者撤销仲裁裁决的审核：（《最高人民法院关于仲裁司法审查案件报核问题的有关规定》第 2、3 条）

（1）通常的案件：应当向本辖区所属高级人民法院报核；待高级人民法院审核后，方可依高级人民法院的审核意见作出裁定。

（2）①涉外涉港澳台案件 + ②以违背社会公共利益为由：最终应当向最高人民法院报核。待最高人民法院审核后，方可依最高人民法院的审核意见作出裁定。